ZEITREISE SCHWÄBISCHE ALB

JOCHEN FISCHER

ZEITREISE SCHWÄBISCHE ALB

Menschen, Orte und Ereignisse,
die Geschichte schrieben

SILBERBURG

INHALT

Berg und Burg Hohenzollern bei Hechingen.

Denkmalgeschütztes Altes Lager bei Münsingen.

Eisenbahntechnische Pionierleistung Geislinger Steige.

Vorwort

Zurückliegende Zeit ist Vergangenheit. Nicht alles, was in der Vergangenheit geschah, ist Geschichte geworden. Doch alles, was historische Dimensionen hat, bekommt rückblickend ein Datum. Geschichte schreibt sich so als eine Zeitreihe von Daten. 50 von ihnen fügen sich in diesem Buch zu einer Zeitreise zusammen.

Der Startpunkt einer Zeitreise über die Schwäbische Alb führt weit zurück in die Vorzeit. Das raue Karstgebirge ist eine Fundgrube für Geologen und Archäologen. Nirgendwo wird die erdgeschichtliche Epoche des Jura anschaulicher als auf der Schwäbischen Alb. Versteinerungen haben exotisches Leben der Urzeit eingefroren. Meteoritenkrater erzählen von Naturkatastrophen, lange bevor der erste Mensch die Alb gesehen hat. Die zahllosen Höhlen illustrieren die spezielle Geologie der Landschaft. In einigen dieser Höhlen auf der Schwäbischen Alb hat die Menschheit die Kunst für sich entdeckt.

Schauplatz der großen Menschheitsgeschichte war das Mittelgebirge immer nur am Rand. Die Alb ist geprägt von einer gewissen Weltabgeschiedenheit, was heute ihren großen Reiz als Erholungsregion ausmacht. Und doch haben alle wichtigen Epochen auf der Alb gewirkt. Kelten, Römer und Alemannen haben ihre Spuren hinterlassen, das Mittelalter herausragende Bauwerke, die Neuzeit brachte politische Verschiebungen und bedeutende Entdeckungen.

Zeit ist relativ. Lange schienen auf der Alb die Uhren anders zu ticken, schien die Zeit langsamer zu vergehen. Rückständig fanden das die einen, romantisch die anderen. Doch der digitale Sog, der die Welt beschleunigt und immer kleiner werden lässt, erfasst auch die Schwäbische Alb. Sie ist eine Region mitten im Leben mit einem besonderen, herben Charme und engagierten, herzlichen Menschen. Ihre Geschichte ist es wert, sich auf diese Zeitreise zu machen.

UNESCO-Weltkulturerbe Vogelherdhöhle im Lonetal.

Vor 200 Millionen Jahren

Die Alb liegt unter Wasser

Die Welt, wie wir sie sehen, ist immer nur eine Momentaufnahme der Geschichte. Wenn man sich die gesamte Erdgeschichte als Zeitraum von einem Jahr denkt, bekommt man ein Gefühl für die kaum vorstellbaren Dimensionen. Vor etwa 4,55 Milliarden Jahren ist der gängigen Wissenschaft zufolge unser Planet entstanden. Das wäre also der 1. Januar. Die ersten Menschen haben die Bühne erst sehr spät, am 31. Dezember dieses fiktiven Erdjahrs betreten.

In Baden-Württemberg leben wir heute in fruchtbaren, grünen Landschaften mit gemäßigtem Klima – kann man sich vorstellen, dass derselbe Landstrich noch vor etwa 10 000 Jahren eine baumlose, vegetationsarme Kaltsteppe war? Alles war immer schon in Veränderung. Geht man der Schwäbischen Alb auf den Grund, lernt man staunend, dass sie lange Zeit nicht war, was sie heute ist: Vor Jahrmillionen war das heutige Kalksteingebirge der Boden eines tropischen Urmeeres. Dieses Meer hat fast ganz Europa etwa 50 Millionen Jahre lang bedeckt. Im fiktiven Erdjahr war das etwa Mitte Dezember; die Geologie nennt diese Epoche Jura. In diesem warmen Meer tummelten sich viele Lebewesen, die nach ihrem Tod auf den Grund sanken und deren Kalkpanzer und -skelette sich ablagerten. Im Jura werden drei Schichten unterschieden, die der Alb heute ihr Gesicht und ihren Reichtum an Fossilienfunden geben. Die älteste Schicht ist der sogenannte Schwarze Jura, der durch einen hohen Anteil an Bitumen, also öligen organischen Überresten, dunkel gefärbt ist. Schwarzen Jura findet man am Fuß des Albtraufs, er ist bekannt für viele Funde von Fischsauriern. Sehen kann man diese Meeresrelikte im Urwelt-Museum Hauff in Holzmaden und im Fossilienmuseum Dotternhausen. Über dem Schwarzen liegt der Braune Jura. Er hat seine Farbe vom teils hohen Eisengehalt des Gesteins. Das Erz aus dem Braunen Jura ist einst an vielen Orten der ansonsten rohstoffarmen Alb gefördert und verhüttet worden. Überwiegend fand man es in kleinen Klumpen als sogenanntes Bohnerz. Erzgruben und Hüttenwerke gab es unter anderem in Laucherthal bei Sigmaringen am Südrand der Alb sowie auf der Ostalb bei Heidenheim. Im Braunenberg bei Wasseralfingen ist von 1608 bis 1939 Erz abgebaut worden. Der »Tiefe Stollen«, der die ertragreichste Erzschicht erschloss, ist heute ein Besucherbergwerk und ein Heilstollen.

Das Gesicht der Alb prägt aber die jüngste Gesteinsschicht, der bis zu 400 Meter mächtige Weiße Jura. Ihm haben die Überreste von Abermilliarden Kleinlebewesen Gestalt und Farbe gegeben: Ammoniten, Schalentiere, Korallen, Schwämme. Steht man heute am Albtrauf bei Mössingen, sieht man eine Landschaft mit zwei Gesichtern: die viele Meter hohe, bizarre Felswand der Gegenwart und das Relief eines Meeresbodens aus ferner Urzeit.

Der Ursprung der Alb liegt am Boden eines tropischen Meeres.

Vor 20 Millionen Jahren

Die Alb erhebt sich

Dass tief unter unseren Füßen gewaltige Kräfte am Werk sind, macht man sich selten bewusst. Doch wenn, dann geschieht es meist schlagartig: wenn ein Beben die Erde erschüttert oder ein lang schlafender Vulkan mit einer Eruption erwacht. Der feste Boden unter unseren Füßen ist nur eine Scholle, die auf flüssigem, viele tausend Grad heißem Gestein im Erdinneren schwimmt. Die heutigen Kontinente treiben auf dem flüssigen Magma nicht einträchtig nebeneinander her. Sie bewegen sich aufeinander zu oder voneinander weg. Reiben sie aneinander, kommt es zu Erdbeben. Ziehen sie sich auseinander, reißt die Erdkruste auf und vulkanische Schmelze schießt nach oben.

Auch die Alb als Mittelgebirge der Erdgegenwart ist ein Effekt der gigantischen Verschiebung von Kontinenten. Vereinfacht dargestellt ist sie ein Kollateralschaden der Kollision von Afrika und Europa. Beide Kontinentalplatten bewegen sich aufeinander zu, und in einem Jahrmillionen langen Prozess haben sich dadurch die Alpen aufgefaltet. Die Entstehung der Alpen hat im Norden eine Instabilität verursacht, durch die der Oberrheingraben entstanden ist. An dieser Schwachstelle hat sich die Erdkruste gewölbt, und die aufliegenden Gesteine wurden nach oben und zu beiden Seiten gedrückt. Man kann es sich ein wenig vorstellen wie bei einem Kuchen, der beim Backen aufgeht. Die zunächst ebene Teigoberfläche dehnt sich unter der Ofenhitze und bricht mittig auf. Der Teig links und rechts dieses Bruchs war ursprünglich waagerecht und steht nun schräg. So ist es auf der Ostseite des Rheingrabens der kompletten südwestdeutschen Landschaftsformation ergangen. Seit der Aufwölbung des Oberrheingrabens steht sie schief. Geologen nennen diese Formation das Südwestdeutsche Schichtstufenland. An der Kontur der heutigen Alb kann man ablesen, dass die Schichtstufen eine Südwest-Nordost-Orientierung haben. Nicht nur für Geologen ist spannend, dass sie Erdgeschichte erzählen: Im Schwarzwald ist die innerste und älteste Gesteinsschicht nach oben geschoben worden: das sogenannte Grundgebirge. Östlich davon reihen sich die jüngeren Schichten auf. Die jüngste und äußerste ist das Juragestein der Schwäbischen Alb. Als dieser Schichtungsprozess begonnen hat, war die heutige Alb ein Flachland, das Urmeer hatte sich schon lang aus Europa zurückgezogen. Die schroffe Kante des Albtraufs ist heute eine der markantesten Formationen dieses Kapitels der Erdgeschichte.

Dass es noch nicht zu Ende geschrieben ist, wissen die Menschen auf der Alb nur zu gut: Der sogenannte Zollerngraben, eine tektonische Verwerfung, erschüttert die westliche Schwäbische Alb immer wieder mit Erdbeben. Das letzte große Beben vom September 1978 gilt als eines der stärksten in Deutschland seit 1945. Dass dabei nur wenige Menschen zu Schaden kamen, ist dem glücklichen Umstand geschuldet, dass es sich an einem Sonntag um sechs Uhr morgens ereignet hat.

Die Alb ist der jüngste Teil des Schwäbischen Schichtstufenlands.

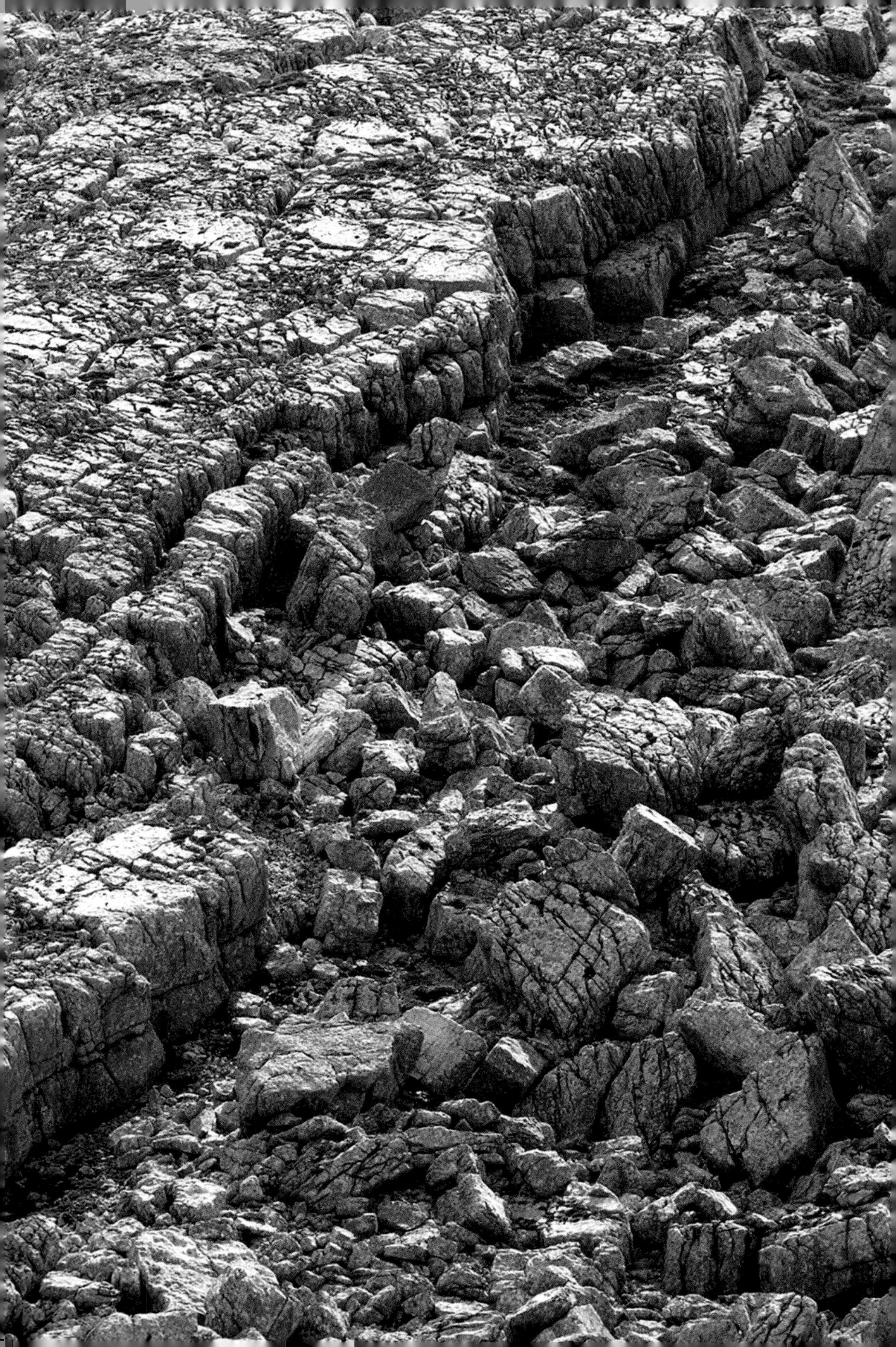

Die Alb bröckelt

Das mächtige Kalksteingebirge Schwäbische Alb war früher noch mächtiger. Früher meint hier einen Zeitraum von vielen Millionen Jahren, in denen die Erosion an den Steinen nagt. Der Weiße Jura, die oberste geologische Schicht der Alb, ist aus den Überresten kleiner und kleinster Meerestiere am Grund eines tropischen Meers geformt worden. In der Zeit danach hat sich zuerst das Urmeer, in dem diese Lebewesen zu Hause waren, zurückgezogen. Später ist die Alb zu einem Mittelgebirge angehoben worden. Seither ist sie der Witterung ausgesetzt.

Kalk ist wasserlöslich und wird von Säure zersetzt. Die Humusschicht der Erdoberfläche, auf der Pflanzen wachsen, ist chemisch leicht sauer. Regenwasser ebenfalls. Aus diesem Grund schrumpft die Alb. Außerdem sind in die Kalkbänke auch Lagen aus Mergel oder Tonen eingebettet. Sie werden vom Regenwasser ausgewaschen und machen das darüber liegende Gestein instabil. Auf der Alb kennt man viele Phänomene, wie die Erosion dem Gebirge zusetzt. Dolinen sind eines davon: Der Kalkstein löst sich unter Wassereinfluss entweder von der Oberfläche her auf oder viel spektakulärer: Es entstehen unterirdische Hohlräume, die eines Tages Knall auf Fall eine Einsturzdoline, auch Erdfall genannt, auslösen. Knall auf Fall entstehen auch Felsstürze am Albtrauf, speziell nach starken Regenfällen. Das jüngste und gewaltigste Ereignis dieser Art gab es im April 1983. Auf gut 600 Metern Breite rutschten bei Mössingen etwa 10 Millionen Tonnen Geröll den Albtrauf hinunter. Das Rutschfeld verschüttete über 50 Hektar Fläche, die vorher Mössinger Stadtwald gewesen waren. Menschen kamen nicht zu Schaden, da bei dem schlechten Wetter niemand vor Ort war. Aus diesem Grund gibt es auch keine Augenzeugen der Naturgewalt.

Dass steter Tropfen den Stein höhlt, ist auf der Alb wörtlich zu nehmen. Das Mittelgebirge ist eines der größten zusammenhängenden Karstgebiete Deutschlands. Unter Karst versteht man Landschaften mit Kalkböden, die oberirdisch sehr trocken sind, weil Niederschlagswasser schnell in tiefere Bodenschichten sinkt. Unterirdisch bilden sich jedoch Wasserläufe, die große Höhlen auswaschen. Unter der Alb sind etwa 2500 Höhlen bekannt, darunter bekannte Tropfsteinhöhlen wie die Bären- und die Nebelhöhle, die Laichinger Tiefenhöhle oder der Blautopf. An der Oberfläche verliert die Schwäbische Alb durch Wind- und Wassererosion jährlich etwa 1,5 Millimeter Substanz an Höhe und Ausdehnung. Das klingt nicht nach viel, doch über eine Spanne von 20 Millionen Jahren ist schon eine Menge Schwund zusammengekommen.

Erosion zerfurcht das Gesicht der Schwäbischen Alb.

Vor 17 Millionen Jahren

Der Schwäbische Vulkan brodelt

Dass es auf der Schwäbischen Alb immer wieder zu Erdbeben kommt, zieht sich bis in die Gegenwart. Vom Vulkanismus in den Tiefen des Untergrunds spüren die Menschen dagegen heute nichts mehr. Der sogenannte Schwäbische Vulkan gibt seit 11 Millionen Jahren Ruhe. Die Geologen sprechen vom Urach-Kirchheimer Vulkangebiet, das sich mit einem Durchmesser von etwa 40 Kilometern von der mittleren Schwäbischen Alb bis ins nördliche Vorland dehnte. Spuren der vulkanischen Hotspots sind vor allem rund um die Täler der Erms und der Lenninger Lauter bis heute zu finden.

Etwa 350 ehemalige Vulkanschlote dieses Gebiets haben Geologen bis heute entdeckt. »Entdecken« ist dabei wörtlich zu nehmen, denn viele dieser Schlote sind mittlerweile tief in der Erde verborgen. Ihre oberirdischen Spuren haben die 11 Millionen Jahre seit dem Erlöschen des Schwäbischen Vulkans verwischt. Man muss sich diese Ausbrüche als gewaltig vorstellen: Magma stieg in die zerklüftete Erdkruste auf und traf knapp unterhalb der Oberfläche auf Grundwasser. Riesige Wasserdampfexplosionen rissen mächtige Krater in die Landschaft und sprengten oftmals auch den Schlot selbst in Stücke. Viele dieser Kessel haben sich in den Jahrhunderttausenden danach mit Wasser gefüllt und ließen Seen wie das Randecker Maar bei Bissingen an der Teck entstehen. Durch die weitere Erosion der Alb ist der Kratersee später ausgelaufen, hat aber die Fossilien vieler Wasserbewohner konserviert. Zusammen mit dem etwa einen Kilometer entfernten Schopflocher Moor und dem ebenfalls nahe gelegenen Bergkegel der Limburg gehört das Randecker Maar zu den spektakulärsten Zeugen des urzeitlichen Vulkanismus.

Ein ehemaliger Vulkanschlot ist auch der Jusiberg, der aus dem Albvorland zwischen Neuffen und Dettingen an der Erms gewachsen ist. Er ist einer von mehreren kegelförmigen Bergen des Albvorlands, die um einen vulkanischen Kern entstanden sind. Der nördlichste Schlot des urzeitlichen Vulkansystems ist nahe Scharnhausen auf den Fildern zu finden. Auch wenn die Schwäbischen Vulkane kein Feuer mehr spucken – man kann ihre Effekte bis heute spüren. Die Thermalquellen, die in den 1970er Jahren an mehreren Orten der Schwäbischen Alb für Heil- und Schwimmbäder erschlossen worden sind, haben ihre Wärme seit der Zeit des Vulkanismus gespeichert.

Der Schwäbische Vulkan hat Teile der Alb geformt.

Himmlische Einschläge

Die Ausbrüche des Schwäbischen Vulkans waren Naturereignisse mit gigantischem Zerstörungspotenzial. Doch etwa zwei Millionen Jahre später hat die Alb Schläge abbekommen, die um ein Vielfaches zerstörerischer waren. Kein Mensch hat diese Ereignisse gesehen, weil es noch keine Menschen gab. Hätte es sie gegeben, hätten sie das Geschehen nicht überlebt.

Zwei kosmische Felsbrocken rasten aus dem Weltall in die Erdatmosphäre und schlugen etwa 40 Kilometer voneinander entfernt auf der Schwäbischen Alb ein. Das sogenannte Ries-Ereignis riss den knapp 25 Kilometer großen Krater des Nördlinger Rieses auf, der andere Meteorit das Steinheimer Becken, das einen Durchmesser von knapp vier Kilometern hat. Lange ging die Wissenschaft davon aus, dass die beiden Einschläge zeitgleich durch einen Asteroiden und einen ihn begleitenden Meteoriten verursacht worden sind. Neuere Forschungen legen nahe, dass zwischen den beiden Ereignissen wohl einige hunderttausend Jahre lagen. Dass es sich bei den beiden Landschaften um die Resultate kosmischer Katastrophen handelt, weiß man erst seit der zweiten Hälfte des 20. Jahrhunderts. Die in den Kratern gefundenen seltsamen Gesteine wie geschmolzene Quarze oder Strahlenkalke waren der Geologie schon lange bekannt, stellten die Wissenschaft aber vor ein Rätsel.

Der Asteroideneinschlag im Nördlinger Ries hatte eine unvorstellbare Gewalt. Der Himmelskörper von etwa 1,5 Kilometern Durchmesser strahlte heller als die Sonne, schlug mit 72 000 Stundenkilometer Geschwindigkeit in die Erde ein und bohrte sich gut einen Kilometer tief ins Gestein. Binnen Sekundenbruchteilen verdampften ein großer Teil des Asteroiden und des Einschlagkraters bei Temperaturen bis zu 30 000 Grad. Geschmolzenes Oberflächenmaterial wurde bis zu 450 Kilometer weit durch die Luft geschleudert. Man vermutet, dass im Umkreis von 100 Kilometern schlagartig jedes Leben vernichtet wurde. Heute erscheint der Kraterrand als eine fast kreisrunde bewaldete Hügelkette, das etwa 150 Meter tiefer liegende Ries selbst als nahezu topfeben. Nur der sogenannte Innere Wall, eine ringförmige Hügelkette rund um das Zentrum, lässt noch ahnen, wo sich der Asteroid gewaltsam in die Erde bohrte.

Etwa zehnmal weniger heftig war der Einschlag, der das Steinheimer Becken geformt hat. Der Einschlagkrater war zunächst 200 Meter tief, beim Zurückfedern des Gesteins wurde ein etwa 100 Meter hoher Zentralberg aufgeworfen. Der Krater füllte sich in der Folgezeit mit Wasser, der entstandene See verlandete später wieder. Der Kraterboden des Steinheimer Beckens liegt heute etwa 100 Meter tiefer als die umgebende Hochfläche des Albuch. Der Berg in seiner Mitte erodierte über viele Jahrmillionen zu einem 50 Meter hohen Hügel, der den Namen Steinhirt trägt.

Das Unheil kam vor Jahrmillionen aus dem All.

Vor 45 000 Jahren

Menschen erobern sich einen neuen Lebensraum

Die Vorgeschichte der Menschheit ist ein dickes Buch, in dem nur wenige Seiten beschrieben sind. Die Archäologie stellt aus kleinen Bruchstücken große Zusammenhänge her. Knochenfunde einstiger Lebewesen sind oft nur Fragmente, aus denen der Organismus, manchmal fantasievoll, rekonstruiert wird.

Fundorte von Knochen menschlicher Vorfahren lassen sich über ganz Süddeutschland hinweg an den Fingern einer Hand abzählen. 1907 ist bei Heidelberg ein Unterkiefer gefunden worden, nach dem die Wissenschaft den Menschentypen Homo heidelbergensis benannt hat. Der etwa 600 000 Jahre alte Menschentyp gilt als Urahn der späteren Neandertaler. Der 1933 bei Steinheim an der Murr gefundene Schädel einer jungen Frau gab dem Homo steinheimensis seinen Namen. Dieser Menschentypus lebte vor etwa 300 000 Jahren und dürfte eine Übergangsform vom Heidelberger Menschen zum Neandertaler sein. Von den Neandertalern, die bildgebend für die landläufige Vorstellung vom Steinzeitmenschen sind und sich im Zeitraum von 130 000 bis 40 000 Jahre vor unserer Zeit in ganz Europa verbreitet haben, fehlt im heutigen Baden-Württemberg jede Spur. Es ist aber sehr wahrscheinlich, dass sie auch über die Schwäbische Alb zogen.

In der letzten Kaltzeit, umgangssprachlich auch Eiszeit genannt, hat sich vor etwa 45 000 Jahren auf der Alb Überraschendes ereignet: In die lebensfeindliche Umgebung sind Menschen vom Typ Homo sapiens eingewandert. Der Homo sapiens, der denkende Mensch, der sich außerdem durch seine Fähigkeit zur Sprache von seinen Vorfahren unterschied, hat nach und nach den gesamten Globus erobert. Während der Eispanzer über den Alpen eine Mächtigkeit von mehreren Kilometern hatte, die Alpengletscher bis über den Bodensee hinwegreichten und die Jahresdurchschnittstemperaturen unter null Grad lagen, waren das nördliche Alpenvorland und damit auch die Alb eisfrei. Allerdings war sie eine unwirtliche Kältesteppe, auf der nur Moose, Gräser und allenfalls kleine Sträucher wuchsen. Unsere direkten Homo-sapiens-Vorfahren sind vermutlich der Donau entlang aus dem wärmeren Südosteuropa eingewandert. Dass sie auf der Schwäbischen Alb Fuß fassen konnten, ist ein spezieller Effekt dieser Kaltzeit. Da der Boden tief gefroren war, führten kleine Zuflüsse der Donau wie die Ach und die Lone ständig Wasser. Die Flüsse lockten Großwild zur Tränke, das Wild zog die Menschen an, die sie jagten. Unterschlupf fand der Homo sapiens in den Höhlen, an denen die Alb reich ist. Ohne ihren Schutz hätten Menschen in den langen kalten Wintern nicht überleben können. Ob die Zuwanderer in ihrem Neuland auch auf Menschen vom Neandertaler-Typ getroffen sind, ob sie sie bekämpft haben oder ihre Gruppen miteinander verschmolzen sind, lässt viel Raum für Spekulationen. Es ist naheliegend, dass sie einander begegnet sind, doch nicht zu belegen.

Erste Besiedlungsspuren der Alb datieren aus der letzten Kaltzeit.

Vor etwa 40 000 Jahren

Auf der Alb wird die Kunst erfunden

Was genau den Anstoß gab, dass urzeitliche Menschen anfingen, sich künstlerische Abbilder ihrer Welt zu schaffen – man weiß es nicht. Was man mit Sicherheit sagen kann: In Höhlen der Schwäbischen Alb sind die ältesten figürlichen Darstellungen gefunden worden, die der Menschheit bis dato bekannt sind.

Im Jahr 2017 ist dieser Kulturschatz zum UNESCO-Weltkulturerbe erklärt worden. Der etwas sperrige Begriff »Höhlen und Eiszeitkunst der Schwäbischen Alb« erklärt sich dadurch, dass die Höhlen allein nicht hätten als Kulturerbe eingetragen werden können. Insgesamt sechs Fundorte von eiszeitlichen Artefakten gehören zu diesem Kulturschatz: Geißenklösterle, Hohler Fels und Sirgensteinhöhle im Achtal, Bocksteinhöhle, Hohlenstein und Vogelherdhöhle im Lonetal. Eiszeitkunst kannte man lange Zeit vor allem in Form von Höhlenmalereien. Bereits die Menschen des Neandertaler-Typs, der zeitlich vor dem modernen Homo sapiens lebte, haben sich in Wandmalereien verewigt. Meist zeigen ihre Darstellungen die Tierwelt, von der sich die Jäger ernährten oder die sie fürchteten. Das Neuartige an der Eiszeitkunst der Schwäbischen Alb, die von Individuen des Homo sapiens geschaffen wurde, ist zum einen die Technik, vor allem aber auch der viel höhere Abstraktionsgrad ihrer Kunstwerke. Am längsten bekannt sind die Figuren aus der Vogelherd-Höhle. Die ersten von ihnen sind 1931 bei Ausgrabungen gefunden worden. Die Nachbildungen von Wildtieren sind aus Mammutelfenbein geschnitzt und wenige Zentimeter groß. 2008 haben Archäologen das Grabungsfeld nochmals genau unter die Lupe genommen und fanden eine 3,7 Zentimeter große, komplett erhaltene Mammutfigur sowie eine stark abstrahierende Venusdarstellung aus einem Wildschweinzahn. Um dieselbe Zeit ist im Hohlen Fels bei Schelklingen eine Venusfigur aus Mammutelfenbein gefunden worden. Sie ist deutlich gegenständlicher als die Venus vom Vogelherd und überhöht zugleich die dargestellten weiblichen Attribute. In dieses Bild fantasievoller Kunst passen auch der Löwenmensch vom Hohlenstein und die Flöten aus Vogelknochen, die in der Höhle Geißenklösterle gefunden wurden.

Die Eiszeitkunst von der Alb überbietet frühere kulturelle Leistungen der Menschheit dadurch, dass organisches Material ausschließlich zu künstlerischen Zwecken bearbeitet worden ist. Ihre Urheber haben neben Abbildern ihrer natürlichen Umgebung auch Abstraktionen geschaffen – stark stilisierte Frauenfiguren und mit dem Löwenmenschen ein Mischwesen aus Mensch und Tier –, und sie haben durch das Schnitzen von Flöten aus Vogelknochen die Musik für sich entdeckt. Gut möglich, dass mit den Flöten zunächst Laute aus der Natur nachgeahmt wurden, dann aber auch einfache Melodien entstanden sind. Einige Experten geben eine ganz naheliegende Erklärung für den Kunstsinn, der vor 30 000 bis 40 000 Jahren aufkam: In den langen und kalten Wintern, die das alltägliche Leben auf ein Minimum reduzierten, suchten die Menschen in ihren durch Feuer beheizten Höhlen eine sinnvolle, vielleicht auch sinnstiftende Beschäftigung.

Der Löwenmensch vom Hohlenstein-Stadel im Lonetal.

Landschaftsprägendes Trockental bei Söhnstetten auf der Ostalb.

Um 600 vor Christus

Die Kelten bauen erste Städte

Was war das eigentlich für ein Volk, diese Kelten? Die Frage ist, anders als bei den Römern oder Germanen, nicht leicht zu beantworten. Eine Schrift haben die keltischen Völker nicht entwickelt, deshalb fehlen Selbstbeschreibungen, wie man sie von anderen antiken Kulturräumen kennt. Die Kelten schufen Hochkulturen, wie viele erhaltene Kunstgegenstände und prächtig ausgestattete Gräber belegen. Sie unterhielten Handelsbeziehungen bis ins antike Griechenland, und aus dem Griechischen stammt auch die Bezeichnung »Keltoi« für die Volksstämme zwischen Donau und Südfrankreich. Eine keltische Identität oder gar eine Nation, die alle keltischen Völker vereinte, gab es nie. Das Keltische definiert sich aus heutiger Perspektive am ehesten über kulturelle Gemeinsamkeiten und eine gemeinsame Sprachfamilie innerhalb des Indogermanischen.

Der Beginn der keltischen Kultur fällt mit der sogenannten Eisenzeit ab etwa 800 vor Christus zusammen. Vermutlich hat die Fähigkeit, Erze zu verhütten, vor allem, um Waffen herzustellen, den Kelten zur kulturellen Vorherrschaft in Mitteleuropa verholfen. Ihre größte Ausbreitung erreichten die keltischen Völker um 200 vor Christus. Danach drängten die Römer aus dem Süden und germanische Stämme aus dem Nordosten den keltischen Einfluss zurück. In der Zeit dazwischen haben die Kelten Geschichte geschrieben. Auch auf der Schwäbischen Alb, wo sie sich hoch gelegene Städte und Wehranlagen bauten. Als die Menschen in der späten Steinzeit Ackerbau und Viehzucht für sich entdeckt hatten und sesshaft wurden, waren die ersten Siedlungen in der Nähe von Gewässern entstanden. Das hatte Vorteile für den Ackerbau und die Trinkwasserversorgung. Die Kelten wählten aus strategischen Gründen andere Siedlungsarten. Sie bauten ihre Städte in Höhenlage, umgaben sie mit Verteidigungsanlagen und konnten so ihre Siedlungen gegen Angreifer schützen. Mit dem Lebensnotwendigen versorgten sie sich aus umliegenden Dörfern.

Auf der Schwäbischen Alb gab es zwei keltische Städte der Superlative. Die Heuneburg am südlichen Albrand, auf einem Bergsporn über der Donau gelegen, gilt als älteste bekannte Stadtanlage nördlich der Alpen. Sie ist um 620 vor Christus angelegt worden und eine der am besten erforschten vorgeschichtlichen Fundstätten in Mitteleuropa. Ihre Hinterlassenschaften belegen Handelsbeziehungen von der Ostsee bis zum Mittelmeer. Im Freilichtmuseum Heuneburg sind repräsentative Bauten der Keltenzeit rekonstruiert worden. Bis zu 4000 Menschen haben einst auf dem Burgberg gelebt. An Ausdehnung noch größer war das Oppidum Heidengraben über dem Lenninger Tal, das etwa 500 Jahre später entstanden ist. Die Heidengraben-Siedlung gilt heute als die größte keltische Siedlungsanlage in Mitteleuropa. Sie lag auf einer Hochfläche, die nur im Süden mit dem Plateau der Alb verbunden ist. Die Siedler konnten hier den natürlichen Schutz des Albtraufs nutzen, um mit wenigen Befestigungsmauern ein Gebiet von etwa 16 Quadratkilometern zu sichern. In einem inneren Ring lag die eigentliche Siedlung, die heute als Elsachstadt bezeichnet wird. Sichtbare Spuren der Kelten gibt es am Heidengraben nur in Form von Wallresten. Archäologische Grabungen bringen aber immer wieder spannende Funde ans Licht.

Modell der wehrhaften keltischen Stadt im Heuneburgmuseum, Hundersingen.

Um 73 nach Christus

Die Alb wird römische Grenze

Nach den Kelten kamen die Römer auf die Schwäbische Alb. Was nicht bedeutet, dass die Kelten mit der römischen Eroberung verschwunden sind. Die Ausdehnung des römischen Reichs brachte sicherlich neue Herrschaftsverhältnisse, doch nicht zwangsläufig blutige Kriege. Die alteingesessene Bevölkerung lebte in vielen Teilen des römischen Reichs in friedlicher Koexistenz mit den neuen Herren. Man arbeitete weiter als Bauer oder Handwerker und trieb Handel, nun eben mit den Römern.

Für Rom rückte die Alb ins Blickfeld, als seine Militärs die Kinzigtalstraße anlegten. Sie verlief vom Rhein bei Offenburg durch den Schwarzwald ostwärts. In der Nähe der heutigen Stadt Freudenstadt überquerte sie den Kamm des Schwarzwalds und führte zum Neckar. Dort gründeten die Römer die strategisch wichtige Stadt Arae Flaviae – das heutige Rottweil. Die neue Straße sollte eine kürzere Verbindung zwischen den beiden römischen Machtzentren Mainz und Augsburg herstellen. Mainz war die Hauptstadt der Provinz Germania superior, Augsburg die Hauptstadt von Raetia. Um ihre Militärstraße zwischen den heutigen Städten Rottweil und Heidenheim zu sichern, verschoben die Römer die Grenze ein Stück nordwärts: auf die Alb. Der sogenannte Alblimes bestand aus einer Reihe von Kastellen entlang der römischen Heerstraße. Vermutlich folgte die Straße einem alten keltischen Handelsweg. Charakteristisch für die Kelten war, dass sie Täler mieden und Höhenwege anlegten. Das hatte zwei wesentliche Gründe: Flusstäler waren in Regenperioden oft überschwemmt oder sumpfig und damit schwer zu passieren. Auf den Höhen konnte man sich auch besser in der Umgebung orientieren und nahm gegebenenfalls Angreifer früher wahr. So auch bei diesem Höhenweg, der entlang der Wasserscheide zwischen Rhein und Donau in Kammlage verlief.

Der Alblimes entsprach nicht der heute landläufigen Vorstellung einer Grenzbefestigung mit Palisadenwall und Wachtürmen. Die Straße selbst markierte hier die Grenze, im Bereich der Alb bewacht von sieben Kastellen. Ihre Überreste ruhen heute unter der Erde als Bodendenkmäler. Der Alblimes hatte als römische Außengrenze nur etwa 25 Jahre Bestand. Danach erweiterten die Römer ihr Herrschaftsgebiet nach Norden und Osten in Richtung Neckar und Odenwald. Die weiteste Ausdehnung nach Osten erreichte das römische Reich im heutigen Baden-Württemberg um das Jahr 165, als man eine schnurgerade Grenze mit Palisaden, Wachtürmen und Kastellen in die germanischen Wälder fräste und den Obergermanisch-Raetischen Limes baute.

Roms Machtbereich erstreckte sich auch bis auf die Alb.

Ab 300 nach Christus

Die Alemannen geben Rätsel auf

Das Schöne an römischer Geschichte ist, dass es so viele Zeugnisse von ihr gibt. Die Römer haben mit Steinen gebaut, Texte in Stein gemeißelt und Schriften hinterlassen. Nach ihrem Abzug aus Germanien wurde die Geschichte wieder dunkler, ihre Zeugnisse verschwommener. Und es wurde deutlich blutiger.

Im 3. Jahrhundert begann das römische Reich zu bröckeln, geschwächt durch Invasionen von außen und Bürgerkriege im Inneren. Um das Jahr 260 gaben die Römer ihre Gebiete rechts des Rheins und nördlich der Donau Stück für Stück auf. Verantwortlich dafür waren nicht zuletzt Raubzüge von Germanen, die den befestigten Limes überrannt und das Land geplündert hatten. Die Römer nannten diese kriegerischen Gruppen Alamanni. Eine gängige These heutiger Geschichtswissenschaft ist, dass es sich bei den Alamanni zunächst nicht um Angehörige eines bestimmten Stammes handelte, sondern um Krieger, die zahlreich, gut organisiert und daher den Römern anders als früher militärisch gewachsen waren. Die Alemannen wären demzufolge als ein Zusammenschluss von (allen) Germanen zu interpretieren, die ihre Waffen gegen Rom erhoben. Sie begnügten sich nicht mit dem nun ungeschützten Germanien, sie fielen auch ins römische Gallien ein und versuchten Gebiete südlich der Alpen zu erobern. Mehr als 100 Jahre lang zogen alemannische Fürsten immer wieder in den Krieg gegen Rom und nährten das Bild der furchterregenden, wilden, kriegerischen Germanen. Dass die Alemannen dabei meist vernichtend geschlagen wurden, haben die römischen Geschichtsschreiber detailgenau überliefert.

Von den Alemannen selbst weiß man wenig. Wie ihre keltischen Vorfahren haben sie keine Schrift benutzt und keine steinernen Bauten errichtet. Wo sie römische Territorien erobert hatten, übernahmen sie oft deren Siedlungsland, doch nicht die Gebäude. Sie lebten in hölzernen Pfostenhäusern mit lehmverputzten Wänden aus Flechtwerk - eine Bauform, deren Prinzip in Südwestdeutschland bis zur Fachwerkarchitektur der frühen Neuzeit in Gebrauch blieb. Die Alemannen lebten in Familienclans, ihr Staatswesen war mit Sippenfürsten, Unterkönigen und Königen hierarchisch aufgebaut. Bis ins 7. Jahrhundert sind die Stämme überwiegend den altgermanischen Gottheiten treu geblieben, nur wenige von ihnen ließen sich zum Christentum bekehren. Ironischerweise weiß man über die toten Alemannen mehr als über die lebenden. Ihre oft reich ausgestatteten Gräber blieben in der Erde unversehrt, während die meisten Siedlungsspuren verwischt sind. Im Bereich der Schwäbischen Alb gibt es zwei bedeutende alemannische Fundstätten. Auf dem Runden Berg bei Bad Urach ließ sich ein alemannischer Unterkönig um das Jahr 300 eine hölzerne Festung bauen, die etwa 100 Jahre später durch neue Gebäude ersetzt wurde. Weitere 100 Jahre später wurde dieser Königssitz zerstört, wahrscheinlich im Zusammenhang mit der Unterwerfung der Alemannen durch die Franken. Mit dem nördlichen Nachbarstamm hatten die Alemannen einst gemeinsame Sache gegen die Römer gemacht, doch um das Jahr 500 kam es zum Machtkampf, den die Franken für sich entschieden. Aus dieser Ära stammt auch das Gräberfeld von Lauchheim. Dort sind 1300 Gräber aus der Zeit von etwa 450 bis 650 gefunden worden, in der unmittelbaren Nachbarschaft des Friedhofs auch die Reste der zugehörigen Siedlung.

So hat sich die Nachwelt ihr Bild von den Alemannen gemacht: kriegerische Stämme, bei denen auch Frauen Waffen trugen.

1079

Die Staufer werden mächtig

Deutsche Kaiser von der Schwäbischen Alb hat es in der Historie zweimal gegeben: Staufer und Hohenzollern. Die zwischen 1871 und 1918 regierenden Hohenzollern-Kaiser waren allerdings nur dem Namen nach Schwaben. Sie kamen aus einem fränkisch-brandenburgisch-preußischen Familienzweig zu Kaiserwürden. Ihre schwäbischen Vettern waren Reichsfürsten.

Die Staufer waren in diesem Sinne echte Schwaben von der Alb. Man führt sie auf Grafen im Riesgau zurück, das rund um Nördlingen lag. Eine erste Stauferburg hat vermutlich in der Nähe von Wäschenbeuren gestanden, nicht weit entfernt vom jüngeren und bis heute erhaltenen Wäscherschloss. Das erste exakt zu fassende Datum der staufischen Familiengeschichte ist das Jahr 1079: Zu Ostern dieses Jahres wird Friedrich I. aus dem Geschlecht der Staufer vom römisch-deutschen König Heinrich IV. zum Herzog von Schwaben ernannt und mit der Königstochter Agnes von Waiblingen verlobt. Da die Braut bei der Verlobung erst sieben Jahre alt war, hat die Hochzeit Jahre später stattgefunden, vermutlich im Jahr 1086. 1070 hatte Friedrich I. mit dem Bau der Burg Hohenstaufen beginnen lassen, der sogenannten Stammburg der Staufer. Er war der Erste der Familie, der sich nach Burg und Berg Hohenstaufen benannte. Als Gefolgsleute der salischen Könige verschafften sich die Staufer in den folgenden Jahrzehnten politischen Einfluss und Landbesitz. Erster römisch-deutscher König aus dem Haus der Staufer wurde im Jahr 1138 Konrad III., der sich bei seiner Wahl gegen den Herzog von Bayern und Sachsen, einen Welfen, durchsetzte. Mit König Friedrich I., genannt Barbarossa, kam 1152 ein Staufer auf den Thron, dessen Name in die Geschichte einging. 1155 wurde er in Rom zum Kaiser des Heiligen Römischen Reichs gekrönt. Im Alter von beinahe 70 Jahren nahm er 1189 an einem Kreuzzug nach Jerusalem teil und starb 1190 beim Überqueren eines Flusses in der heutigen Südosttürkei.

Noch berühmter wurde sein Enkel Friedrich II., einer der bedeutendsten deutschen Kaiser des Mittelalters. 1194 in Italien geboren, wurde er mit vier Jahren zum König von Sizilien gewählt, mit 18 Jahren zum deutschen König. Von 1220 bis zu seinem Tod 1250 war er Kaiser eines Reiches, das deutsche und italienische Territorien umfasste. Aufgewachsen ist er in Palermo, der Nachwelt gilt er als Weltbürger, der viele Sprachen beherrschte. Sein Lebensmittelpunkt war Italien, in Deutschland und auf dem Hohenstaufen war er nur etwa zehn Jahre zu Hause. Seine letzten Lebensjahre waren geprägt vom erbitterten Kampf mit dem Kirchenstaat, der seit 1230 schwelte. Mit Friedrichs Tod brach das staufische Machtsystem in sich zusammen, zuerst nördlich der Alpen, dann in Italien. Sein Sohn Konrad IV. war bis zu seinem Tod 1254 noch deutscher König, dessen Sohn Konradin wurde beim Versuch, zumindest das Königreich Sizilien für die Familie zurückzuerobern, gefangengenommen, zum Tod verurteilt und hingerichtet. So klangvoll der Name der Staufer bis heute ist, so viele bedeutende Bauwerke sie hinterlassen haben – sie sind schon seit beinahe 800 Jahren von der Weltbühne verschwunden.

Friedrich I., genannt Barbarossa, geboren um 1122, war der erste deutsch-römische Kaiser aus dem schwäbischen Staufergeschlecht.

1085

Kloster Blaubeuren wird gestiftet

Martin Luther hat 1517 mit markigen Worten gegen die päpstlichen Ablassbriefe gewettert. Ablass bedeutete, dass Christen sich von ihren weltlichen Sünden durch Geldspenden an die katholische Kirche freikaufen konnten. Aus heutiger Sicht ein merkwürdiges Verständnis von Schuld und Sühne.

Im Mittelalter dachte, wer es sich leisten konnte, noch ein bisschen größer. Wer im Diesseits Gläubigkeit demonstrierte, sollte sich doch wohl um sein Seelenheil im Jenseits nicht sorgen müssen. Zum Beispiel, indem man ein Kloster stiftete. Dort beteten Mönche dann täglich für das Wohl des edlen Stifters. Für den Adel hatten Klöster auch einen praktischen Nutzen: Man konnte dort Söhne, später auch Töchter, unterbringen, die in der Erbfolge keinen Platz hatten oder die man nicht gewinnbringend verheiraten konnte. Nachdem die Staufer Herzöge von Schwaben geworden waren, kam es rund um die Schwäbische Alb zu einer Reihe von Klostergründungen, die meisten von ihnen als Benediktinerabteien. Die Benediktiner waren der erste katholische Mönchsorden und gehen auf das 529 durch Benedikt von Nursia gegründete Kloster Montecassino zurück. Im Bereich der Schwäbischen Alb gab es die ersten Klostergründungen in Beuron, Blaubeuren und Wiblingen. Die vermutlich älteste dieser Benediktinerabteien ist das Kloster Blaubeuren, gegründet 1085 in Sichtweite des Blautopfs, der sagenumwobenen, magisch blauen Karstquelle. Die drei Stifter waren adlige Brüder und Grafen in Tübingen.

Man nimmt an, dass das Kloster am Ort einer bereits damals alten Kirche gebaut worden ist. Besiedelt wurde es mit Mönchen aus dem Kloster Hirsau. 1124 wurde der Bau einer neuen, romanischen Klosterkirche vollendet. In späteren Jahrhunderten verarmte das Kloster mehrfach, die Sitten verfielen, es wird sogar von Morden unter den Klosterbrüdern berichtet. Nachdem die Grafen von Württemberg 1447 die Stadt Blaubeuren und die Klostervogtei gekauft hatten, wurde die Ordnung wiederhergestellt, und das Kloster kam durch weitere Stiftungen zu neuem Wohlstand. Von 1466 bis 1501 ist es, auch infolge eines verheerenden Brands, weitgehend neu gebaut worden. Allerdings hielt die alte Ordnung nicht allzu lang, denn Württemberg schloss sich der Reformation an, die Martin Luther angestoßen hatte. Herzog Ulrich zog 1534 persönlich in das protestantische Kloster ein, 1556 wurde es Sitz einer evangelischen Klosterschule. Zeitweilig lebten in Blaubeuren die weiterhin geduldeten katholischen Mönche gemeinsam mit den evangelischen Klosterschülern unter einem Dach. Protestantisch reformierte Klöster gab es in Württemberg unter anderem auch in Alpirsbach und Maulbronn. Heute werden die mittelalterlichen Gebäude des Blaubeurener Klosters als altsprachliches Gymnasium genutzt. Das ehemalige klösterliche Badhaus, das einzige in Deutschland erhaltene, ist zum Museum ausgebaut, das die Blaubeurener Geschichte erzählt.

Große Teile des Klosters sind bis heute gut erhalten.

Um 1090

Burg Katzenstein krallt sich an einen Felsen

Die Burg auf der Ostalb bei Dischingen ist gewiss nicht die größte Wehranlage weit und breit. Doch sie gilt als eine der ältesten Burgen Süddeutschlands. Sie ist so alt, dass ihr Entstehungsdatum rückblickend nicht mehr festzustellen ist. 1095 werden erstmals »Herren von Cazzenstein« erwähnt. Vermutlich hatten sie ihren Stammsitz am Ort eines bereits einige Jahrhunderte alten Wehrturms errichtet und ihn Stück für Stück zu ihrer Burg ausgebaut.

Was sich aus heutiger Sicht ebenfalls nicht mehr feststellen lässt: ob die Herren von Cazzenstein, später Katzenstein geschrieben, unmittelbar in Diensten der staufischen Herzöge von Schwaben standen. In diesem Fall hätte ihre Burg einen Teil des Machtbereichs der Staufer bewacht. Fest steht, dass Katzenstein eine bedeutende und typische Burg der Stauferzeit ist. Womöglich leitet sich der Name Katzenstein davon ab, wie der ursprüngliche Bergfried mit dem Felssporn verzahnt wurde, auf dem er stand – dass er sich sinnbildlich an den Felsen krallte. Im zur Stauferzeit ausgebauten Turm befindet sich ein offener, gemauerter Kamin mit typischen Merkmalen der Romanik, des Baustils im 10. und 11. Jahrhundert. Als heraldische Zeichen sind dort die namensgebende Katze und eine Lilie eingemeißelt. Ebenfalls aus der romanischen Epoche stammt die tief in der Burg liegende Kapelle, die dem heiligen Laurentius geweiht ist. Der Saalbau ist historisch jünger und ruht auf einem doppelten Tonnengewölbe, das den 23 Meter tiefen Brunnen überspannt. Mit dieser sicheren Wasserversorgung war Katzenstein gut gegen kriegerische Belagerungen geschützt. Auch wenn die Burg klein an Grundfläche ist, haben die Erbauer innerhalb der Ringmauer ein raffiniertes Verteidigungslabyrinth mit mehreren Innenhöfen, Wehrgängen und Basteien geschaffen.

Die Herren von Katzenstein sind nie zu großer Bedeutung gekommen und haben ihre Burg 1354 an die Grafen von Oettingen verkauft. Aus dem Mittelalter sind wenige kriegerische Konflikte um Katzenstein überliefert, doch das spätere Schicksal der Burg spiegelt die Geschichte der frühen Neuzeit wider: Im letzten Jahr des 30-jährigen Kriegs wurde die Burg von protestantischen Truppen belagert, sturmreif geschossen und verwüstet. 1669 baute einer der Grafen von Oettingen sie wieder auf und addierte einen Park zum alten Gemäuer. 1702 und 1796 verwendeten französische Truppen in zwei der vielen Kriege dieses Jahrhunderts Katzenstein als Garnison. Nach dem Ende der napoleonischen Zeit nutzten die Fürsten von Oettingen-Wallerstein das Bauwerk bis 1834 als Forstamt. Anschließend stand die Burg über 100 Jahre leer. 1967 bekam Katzenstein den ersten Besitzer ohne Adelsprädikat, ist seither durch mehrere Hände gegangen und war nicht immer öffentlich zugänglich. Die jetzige Besitzerfamilie pflegt das staufische Schmuckstück mit viel Hingabe, bietet Führungen an, betreibt ein Restaurant mit Übernachtungsmöglichkeiten.

Radierung der Burg aus der frühen Neuzeit.

1095

Auf der Ostalb entsteht ein frommer Ort

Historische katholische Sakralbauten waren immer auch eine Machtdemonstration: „Sieh mich an, du Menschlein, und erkenne, wie winzig und unbedeutend du im Verhältnis zu Kirche und Gott bist." Dieser Trick funktioniert bei der Abtei Neresheim bis heute.

Egal, von welcher Seite man sich dem Gotteshaus und der Klosteranlage auf dem Härtsfeld auch nähert: Die Abtei strahlt von Weitem, thront mächtig auf dem höchsten Punkt eines Bergkegels über dem 8000-Einwohner-Städtchen Neresheim. Unterstrichen wird der glänzende Eindruck von der Helligkeit des örtlichen Kalksteins, aus dem die Klosterkirche gemauert ist, und vom strahlenden Weiß, in dem die Wohn- und Wirtschaftsgebäude verputzt sind. In der Dämmerung verschwimmt der Eindruck zum beinahe Überirdischen. Strahlen Morgen- oder Abendrot das Mauerwerk an, leuchtet die Abtei, als ob ein Götterfunke sie von innen erhellte.

Die Anfänge im Mittelalter waren bescheidener, den Pomp hat erst die Barockzeit nach Neresheim gebracht. Bis heute ist oft zu lesen, dass ein Kloster in Neresheim schon im 8. Jahrhundert bestanden habe. Das gilt inzwischen als widerlegt. Als Gründungsdatum nimmt man das Jahr 1095 an, als Stifter gelten Graf Hartmann I. aus dem etwa 25 Kilometer entfernten Dillingen und seine Ehefrau. Zunächst lebten Augustiner-Chorherren in der Burg Neresheim, an deren Platz später die Abtei gebaut worden ist. Möglicherweise hatten die beiden Stifter bei der Klostergründung bereits im Blick, dass Graf Hartmann ein Jahr später zum ersten christlichen Kreuzzug des Mittelalters aufbrechen würde. Es wäre zeittypisch, mit einer großzügigen Stiftung auf göttlichen Beistand für die gefährliche Reise zu hoffen. Der Graf von Dillingen kehrte tatsächlich unversehrt zurück, wandelte das Augustiner-Stift 1106 oder 1108 in eine strenggläubigere Benediktiner-Abtei um und ließ die Burg zum Kloster umbauen. Nach dem Tod seiner Frau trat er selbst als Mönch ins Kloster ein. Die Benediktiner mehrten und verwalteten den Klosterbesitz geschickt und legten damit den Grundstein für die spätere Pracht der Abtei Neresheim.

Die mittelalterliche Klosteranlage mit romanischer Basilika befand sich dort, wo später die Konventgebäude entstanden sind. Die heutige Abteikirche ist zwischen 1747 und 1792 nach Plänen von Balthasar Neumann nördlich davon gebaut worden. Die Hauptkuppel, getragen von vier freistehenden Säulenpaaren, ist 35 Meter hoch, das Kirchengebäude 83 Meter lang und 35 Meter breit. Die Abteikirche gilt als Meisterwerk der europäischen Barockbaukunst, die sieben Kuppelfresken in leuchtenden Farben zählen zu den wichtigsten und prächtigsten des Spätbarock. Steht man im strahlend hellen Kirchenschiff und lässt den Blick schweifen, funktioniert er immer noch, der alte katholische Trick: Das menschliche Ego schrumpft in diesem barocken Sinnenspektakel auf die Größe eines Staubkorns zusammen.

Ein wahrhaft erhabener Ort.

WILHELM I.
Glück Auf!
Glück Auf!
1841

1365

Schwäbisches Eisen wird geschmiedet

Dass Württemberg arm an Rohstoffen ist, gehört zu den Gründungsmythen des Landes der Tüftler und Schaffer. Das ist im Grunde für die Zeit der industriellen Revolution auch zutreffend. Im späten Mittelalter und danach hat man auf der Ostalb allerdings Eisenerz gefördert und verhüttet, was im damals üblichen Maßstab rentabel war.

In einer der erdgeschichtlichen Epochen, die die Schwäbische Alb geformt haben, sind eisenerzhaltige Sedimente angeschwemmt und abgelagert worden. Am nordöstlichen Albrand liegen diese Schichten des Braunen Jura, benannt nach seinem Gehalt an Eisenoxiden, nahe an der Oberfläche. An diesen Orten auf der Ostalb hat die Eisenverhüttung in Württemberg ihren Anfang genommen. Erstmals urkundlich erwähnt wird der Erzabbau 1365, als den Grafen von Helfenstein, Besitzer der Burg Hellenstein, vom römisch-deutschen Kaiser erlaubt wurde, im Brenztal bei Heidenheim Eisenerz zu verarbeiten. Das eisenhaltige Gestein war dort als Bohnerz zu finden und ließ sich oberirdisch in Gruben abbauen. Bohnerz hat seinen Namen von der Form der Vorkommen: Es sind kleine, oft ovale Knollen, die etwa einen oder zwei Zentimeter groß sind. Das Erz hat einen Eisengehalt bis zu 75 Prozent, ist also vergleichsweise ergiebig. Ein erstes Hüttenwerk in Heidenheim ist 1448 nachweisbar. Man stellte dort hochwertige Gussteile und kunstvoll verzierte Ofenplatten, aber auch profane Dinge wie Kanonenkugeln her.

Die württembergischen Herzöge nahmen mehrere Anläufe, das strategisch wichtige Geschäft in staatliche Hand zu bekommen. Um 1600 brachten sie zumindest die Eisenwerke im Brenztal unter ihre Kontrolle und gründeten neue Hütten im Schwarzwald bei Freudenstadt. Dort allerdings hatte das Erz nicht die Qualität des Bohnerzes von der Ostalb. Währenddessen hatten die Fürstpröpste von Ellwangen dem Haus Württemberg nach langem Rechtsstreit die Eisenwerke im Kochertal, die Keimzellen der heutigen industriellen Zentren Ober- und Unterkochen, abgetrotzt. Ihre Industrie war erfolgreicher und führte 1671 zur Gründung des Hüttenwerks in Wasseralfingen bei Aalen. Dort hatte man im Braunenberg Eisenerz entdeckt, das bergmännisch abgebaut wurde. Nachdem man einige Zeit lang das Erz zum Hochofen Unterkochen transportiert hatte, baute man 1671 eine neue Schmelze in Wasseralfingen. Holz und Kalk für die Verarbeitung des Erzes zu Eisen gab es in der Umgebung der Grube zur Genüge, den Hochofen selbst richtete man wenige Kilometer entfernt im Tal des Kochers ein, um dessen Wasserkraft zu nutzen. Auch wenn das Wasseralfinger Erz einen geringeren Eisenanteil von maximal etwa 40 Prozent hatte, hat man die Stollen des Erzbergwerks von 1608 bis 1939 betrieben. 1803 kam das Wasseralfinger Erzvorkommen dann doch noch in staatliche Hände und wurde königlich württembergisches Hüttenwerk. 1921 wurde es Teil der staatlichen Schwäbischen Hüttenwerke (SHW). Der »Tiefe Stollen« von Wasseralfingen ist heute ein Besucherbergwerk und ein Heilstollen für Atemwegserkrankungen.

Der Eingang zum Tiefen Stollen bei Wasseralfingen.

1377

Ein Weltwunder wächst in den Himmel

Kathedralen sind die Meisterwerke geistlicher Baukunst. Ihre Pracht und Größe symbolisierten die Machtfülle der Kirche. Im Mittelalter gab es in Mitteleuropa nur eine christliche Kirche – die katholische. Auch das Ulmer Münster sollte eine katholische Kirche werden, doch es kam anders.

Schon als 1377 der Grundstein des Ulmer Münsters gelegt wurde, war die geplante Kirche etwas Besonderes. Sie sollte kein Bischofssitz werden, sondern eine Pfarrkirche für die Ulmer Bürger, finanziert von den Bürgern selbst. Deshalb plante man auch nur einen zentralen Westturm, denn Kathedralen mit zwei gleich hohen Türmen, beispielsweise der Kölner Dom, kennzeichneten Bischofskirchen und Abteien. Der Anlass für den Bau des Münsters mutet rückblickend kurios an: Die alte Pfarrkirche lag außerhalb der Stadtmauern. Bei kriegerischen Konflikten, in welche Ulm immer wieder verwickelt war, waren die Bürger von ihrer Kirche abgeschnitten. Es wäre zu gefährlich gewesen, die Stadtmauern für den Kirchgang zu verlassen. Außerdem wollten sich die Ulmer von den Brüdern des Klosters Reichenau unabhängig machen, welche die Pastoren der Pfarrkirche stellten. So beschlossen sie, innerhalb der Stadtmauer neu zu bauen. Als Baumeister engagierte man Heinrich Parler, der vermutlich selbst die Pläne für das Münster entwarf. 1381 übernahm ein Michael Parler die Baustelle. Da über die Lebensdaten und Verwandtschaftsverhältnisse dieser bedeutenden Architektenfamilie der Gotik wenig bis nichts überliefert ist, lässt sich bis heute nicht beantworten, ob dieser Michael Parler ein Sohn des ersten Baumeisters war.

Klarer sind die Belege für die folgenden drei Generationen der Baumeisterfamilie Ensinger, die 1392 die Münsterbaustelle übernahm. Ulrich Ensinger, der bis 1417 am gigantischen Projekt arbeitete, entwarf auch neue Pläne für den Hauptturm. Er sollte nun auf etwa 150 Meter Höhe wachsen. Um die Harmonie des Gesamtwerks zu erhalten, plante Ensinger auch ein viel höheres Kirchenschiff. 1405 wurde das Provisorium geweiht – mit einem nur notdürftig gedeckten Dach. Bis die Deckengewölbe vollendet waren, vergingen noch fast 50 Jahre. Der provisorische Zustand des Ulmer Münsters dauerte noch Jahrhunderte an, wie bei vielen Mega-Kirchen des Mittelalters. Zwischenzeitlich waren die Ulmer Bürger 1530 zum evangelischen Glauben übergetreten, hatte es massive Bauschäden gegeben, war den Bauherren das Geld ausgegangen und hatte der Münsterbau 300 Jahre lang komplett geruht. Erst 1844 nahm man die Arbeiten wieder auf. Bis zur Vollendung des Turms, des mit 161,53 Metern bis zum heutigen Tag höchsten Kirchturms der Welt, vergingen seit der Kirchenweihe 485 Jahre! Am 28. Juni 1890 wurde die Fertigstellung des evangelischen Ulmer Münsters mit einem großen Festakt gefeiert. Am Ende war das Kirchengebäude knapp 124 Meter lang, fast 50 Meter breit und gut 40 Meter hoch geworden. Im Mittelalter, als noch keine Kirchenbänke üblich waren, bot das schwäbische Weltwunder bei Gottesdiensten Platz für mehr als 20 000 Menschen.

Von der Weihe des Provisoriums bis zur Fertigstellung des Ulmer Münsters vergingen 485 Jahre.

1514

Blaublütige Rösser grasen auf der Alb

Edle Pferde waren im Zeitalter des Feudalismus Statussymbole. Vielleicht so wie heute Jets oder Yachten. Begehrenswert, doch nur für die absolute High Society erreichbar. Als das heutige Haupt- und Landgestüt Marbach gegründet wurde, regierte der Hochadel die Geschicke des Landes. Gern schmückte sich auch das Haus Württemberg mit rassigen Rössern.

Zur Gründung der württembergischen Pferdezucht gibt es zwei historische Daten. 1491 hat Graf Eberhard im Bart von Württemberg nahe der Lauter, etwa zwei Kilometer vom heutigen Marbach entfernt, ein Gestüt einrichten lassen. Die Tiere stammten teils aus seinen Stallungen in der Tübinger Gegend, teils von weither. Graf Eberhard war nicht nur Pferdenarr, sondern auch Pferdesammler. Einige der Stuten und Hengste hatte er auf einer Pilgerreise ins Heilige Land gekauft, wo er das Gelübde abgelegt haben soll, seinen Bart nie mehr zu schneiden. Daher auch sein Beiname »im Bart«. Weitere Zuchtpferde ließ er aus Böhmen und Holstein kommen. Die Pferdezucht am heutigen Standort Marbach, Teil der Gemeinde Gomadingen, ist erstmals in einem Dokument aus dem Jahr 1514 erwähnt.

Die Zuchtziele waren im Lauf der Zeit sehr unterschiedlich. Der Württembergische Hof, dessen Herrscher 1495 zu Herzögen aufgestiegen waren, verlangte zunächst nach Repräsentationspferden. Die Hengste kaufte man in Andalusien und Neapel ein, ganz der gängigen Mode folgend. Der 30-jährige Krieg hatte für Württemberg verheerende Folgen und entvölkerte ganze Landstriche – von Mensch und Tier. Als er 1648 zu Ende ging, gab es nahezu keine Pferde mehr. Sie waren in den vielen Feldzügen verendet, als Kriegsbeute geraubt oder schlicht von der hungernden Bevölkerung aufgegessen worden. Erst knapp 40 Jahre nach Kriegsende hat 1685 die systematische Pferdezucht in Marbach wieder begonnen. Gebraucht wurden jetzt genügsame Pferde für die Landwirtschaft, aus denen die Pferderasse Württemberger Warmblut entstanden ist. Im Zeitalter des Absolutismus ließ Herzog Carl Eugen (1728 bis 1793) wieder prachtvolle Rösser als Reit-, Jagd- und Zugtiere für seine fantasievollen Kutschen züchten. Im napoleonischen Zeitalter diktierten die endlosen Kriege die Pferdezucht. Von den in Marbach gezüchteten Kavalleriepferden gingen etwa 40 000 in den Feldzügen des französischen Kaisers verloren.

Die berühmten Araberpferde hat König Wilhelm I. nach Württemberg gebracht. Seine königlichen Vollblüter ließ er ab 1816 in Weil am Neckar züchten, Fohlenhöfe gab es in Scharnhausen und Hohenheim. In Marbach wurden Pferde für die Landwirtschaft herangezogen. Auf der Alb sind die Araber erst 1932 heimisch geworden, nachdem die ehemals königlichen Ställe ihren Pferdebestand an das Haupt- und Landesgestüt übergeben hatten. Das Gestüt ist heute ein Betrieb des Landes Baden-Württemberg mit den Standorten Marbach, Offenhausen und St. Johann sowie vier sogenannten Vorwerken mit Landwirtschaft, Weiden und Stallungen.

Araberpferde wurden ursprünglich von den Beduinen gezüchtet und gelten als älteste Pferderasse der Welt.

Nach 1560

Heilwasser wird zum Exportschlager

Der Schwäbische Vulkan gibt schon seit Jahrmillionen Ruhe. Doch seine Wirkungen sind bis heute spürbar: als Mineralquellen und Thermalwasser. Wenn man eines der Thermalbäder der Schwäbischen Alb besucht und sich in angenehm temperierten Schwimmbecken entspannt, spürt man auf der Haut Erdgeschichte. Das Wasser, das aus großer Tiefe an die Oberfläche gepumpt wird, bringt seine Wärme aus uralten Schichten mit, durch die sich einst flüssige Lava geschoben hat.

In Bad Ditzenbach sind seit etwa 1560 zwei Mineralwasserquellen bekannt, denen heilende Wirkung zugeschrieben wurde. Über die Chemie dieses Wassers hatte man damals noch kein Wissen; es war Erfahrungsmedizin, die dazu führte, die kohlensäurehaltigen Quellen für Trinkkuren zu nutzen. Heute weiß man, dass die Kohlensäure der Vinzenz- und der Ludovika-Quelle Mineralien wie Natrium, Calcium und Magnesium aus den wasserführenden Gesteinen löst. Beide säuerlich schmeckende Quellen entspringen oberflächennah aus Schichten des Braunen Jura. Seit Mitte des 19. Jahrhunderts wurde das Heilwasser in Krüge abgefüllt und bis nach Bayern verschickt. Etwas später wurde zusätzlich ein Badebetrieb eingerichtet, und seit 1902 durfte Ditzenbach sich mit dem Präfix »Bad« schmücken. Um die steigende Nachfrage nach Mineralwasser aus Bad Ditzenbach zu stillen, erschloss man 1930 in tieferen Gesteinsschichten die Marienquelle.

Heilwasser hat man um 1700 auch in Bad Imnau im Talgrund des Flüsschens Eyach entdeckt. Daraus ist die Imnauer Fürstenquelle entstanden, deren Wasser ebenfalls in Tonkrügen exportiert wurde. Der Badebetrieb war zunächst dem Hofstaat der Fürsten von Hohenzollern-Hechingen vorbehalten, um 1800 richtete man eine Kuranstalt für die Allgemeinheit ein.

Dass im Untergrund des urzeitlichen Vulkangebiets der Alb Thermalwasser existiert, war seit Längerem bekannt. Bad Ditzenbach hat als erste Gemeinde der Region im Jahr 1969 gezielt danach gebohrt. Man stieß in 560 Metern Tiefe auf die Canisius-Quelle, die heute das Thermalbad Vinzenz-Therme mit Badewasser versorgt. Dem Ditzenbacher Beispiel folgten Bad Boll, Bad Überkingen, Bad Urach, Beuren und Aalen, wo Wasservorkommen gefunden und neue Thermalbäder eingerichtet wurden. Wobei die Beurener eigentlich Wiederholungstäter waren: In dem Ort am Albtrauf gab es schon im 16. Jahrhundert eine Badestube mit Thermalwasser, das in der Nähe des Rathauses austrat. 1920 ist diese Quelle versiegt, etwa 50 Jahre später hat man bei Bohrungen in 380 und 750 Metern Tiefe neue Thermalwasserspeicher gefunden. Seit 1977 gibt es die Beurener Panorama-Therme mit mittlerweile sieben unterschiedlich temperierten Becken. Das Beurener Wasser hilft, Gelenk- und Muskelprobleme zu kurieren.

Das Brunnenhaus der Vinzenz- und Ludovica-Quelle wurde 1913/14 gebaut.

QUELLEN DEN HERRN

1739

Der Uhrmacher Gottes kommt zur Welt

Vielen württembergischen Pfarrern war ihr Beruf genug: Bibelstudium, Predigten, Taufen, Konfirmationen oder Kommunionen, Hochzeiten, Trauerfeiern – das ganze geistliche Zeremoniell eben. Andere wollten mehr als nur geistlicher Hirte sein und haben sich musisch verwirklicht. Manche nahe am Geistlichen wie der Kirchenlieddichter Philipp Friedrich Hiller, manche sehr im Weltlichen wie der romantische Literat Eduard Mörike.

Ein ganz besonderer Fall des Pfarrers mit Beruf und Berufung ist Philipp Matthäus Hahn, den man auch den »Uhrmacher Gottes« nannte. Er kam 1739 in Scharnhausen auf den Fildern zur Welt, starb 1790 in Echterdingen und war von 1764 bis 1770 Pfarrer in Onstmettingen. Dort, im Tälchen der Schmiecha und nahe beim Albtrauf, entstanden die ersten seiner bedeutenden Werke. Hahns Berufung war im weitesten Sinne die Astronomie, seine bis heute beeindruckende Begabung war die Mechanik. Mit ihr setzte er naturwissenschaftliche Erkenntnisse in Maschinen um. Eine seiner ersten, bis in die Gegenwart gebräuchlichen Erfindungen waren Neigungswaagen. Sie bestimmen das Gewicht eines Objekts nicht durch aufgelegte Gegengewichte, sondern durch die Auslenkung eines Hebels an einer Skala. Als mechanische Küchenwaage oder als Briefwaage ist diese Bauform weltbekannt. Kunstvolle Sonnenuhren hat Pfarrer Hahn ebenfalls konstruiert, darunter die sogenannte Öhrsonnenuhr. Durch einen schmalen Schlitz, das Öhr, traf das Sonnenlicht auf eine bestimmte Markierung. Durch das Drehen der Skala und über Zahnräder wurde der festgestellte Sonnenstand auf ein Zifferblatt mit Stunden- und Minutenzeiger übertragen, so dass die Uhr die exakte Ortszeit anzeigte. Mit diesem Hilfsmittel konnten Standuhren oder Taschenuhren, die Hahn ebenfalls baute, eingestellt werden.

Ganz groß dachte Hahn mit seinen sogenannten Weltmaschinen. Sie stellen unser Sonnensystem mit seinen Planetenbewegungen dreidimensional und präzise dar. Besonders beliebt beim Publikum waren Hahns astronomische Uhren, die außer der Zeit auch Mondphasen und Planetenkonstellationen anzeigten. Eine dieser Uhren übergab Hahn 1767 dem absolutistischen Herzog Carl Eugen von Württemberg, der ihn daraufhin als »Uhrmacher Gottes« apostrophierte. Für seine komplizierten astronomischen Berechnungen konstruierte er – weil es so etwas noch nicht gab – Rechenmaschinen. Sie beherrschten mit Hilfe eines komplizierten Walzensystems alle vier Grundrechenarten. Erst Jahrhunderte später fand man heraus, dass schon 150 Jahre früher der Tübinger Pfarrer, Theologe, Professor und Astronom Wilhelm Schickard vergleichbare Rechenmaschinen gebaut hatte. Sie waren im 30-jährigen Krieg verlorengegangen. Auch Hahn hätte Professor in Tübingen werden können, doch entschied er sich, dem Pfarrberuf treu zu bleiben. Als Anerkennung seines Sonderstatus erhielt er die bestdotierte Pfarrei Württembergs in Echterdingen.

Eine der astronomischen Uhren, wie Philipp Matthäus Hahn sie baute.

1766

Textilbarone kommen an die Macht

Dass die Schwäbische Alb einmal ein Zentrum der süddeutschen Textilindustrie war, hat seinen Ursprung in der Armut. Viele Bauern verdienten sich mit der Leinenweberei in Heimarbeit ein Zubrot. Da man die spröden Flachsfasern am besten bei hoher Luftfeuchtigkeit verspinnen konnte, standen die Webstühle meist im Kellergeschoss. Was gut für die Faser war, schadete den Menschen: Die Weber waren geplagt von Erkältungen, Lungenkrankheiten, Rheumatismus.

Als Baumwolle aus Übersee die Leinengewebe verdrängte, fanden viele von ihnen ein neues Betätigungsfeld: in der aufkommenden Textilindustrie. Das erste große Unternehmen der Baumwollbranche auf der Schwäbischen Alb war die 1766 gegründete Württembergische Cattunmanufaktur in Heidenheim. Nach einigen Besitzerwechseln kaufte 1818 Ludwig Hartmann Teile des Betriebs. Aus seiner mechanischen Spinnerei ging die bis heute existierende Hartmann-Gruppe hervor, die seit 1873 Verbandwatte und antiseptische Wundverbände herstellt.

Zu Zentren der Textilindustrie sind im frühen 20. Jahrhundert die Orte Burladingen, Ebingen und Tailfingen geworden. Allein in Ebingen gab es Ende der 1920er Jahre 23 Trikotwarenfirmen und drei große Stoffwebereien, die etwa 6000 Menschen Arbeit gaben. Um 1970 begann der Niedergang der Textilindustrie auf der Alb, beschleunigt durch Konkurrenz aus Billiglohnländern und Umweltschutzauflagen. Die Trikotagenfabrik Haux, lange Zeit die Nummer eins in Ebingen, existiert schon lange nicht mehr. Die Unterwäschehersteller Comazo und Mey haben Nischen gefunden, in denen sie sich bis heute als Qualitätsmarken halten. Das 1884 von Conrad Maier gegründete Unternehmen hat einen exotisch klingenden Namen: Comazo. Die Namensherleitung ist so einfach wie kurios. Es gab damals keine Straßennamen, die Adresse wurde nach dem nebenan gelegenen Gasthof gewählt, der »zum Ochsen« hieß. Aus »Conrad Maier zum Ochsen« wurde kurz Comazo als Markenname. Ebenfalls aus einer Abkürzung ist die Burladinger Marke Trigema entstanden. Der Name steht für »Trikotwarenfabriken Gebrüder Mayer«, die 1919 gegründet wurden. Trigema beschäftigt heute etwa 1200 Mitarbeiter und produziert große Teile seiner Kollektionen nach wie vor in Burladingen. Auch in Gomaringen am Fuß der Schwäbischen Alb gibt es bis heute ein spezialisiertes Unternehmen der Textilindustrie: Die Marke Naturana, hervorgegangen aus der Miederfabrik von Carl Dölker, stellt vor allem Damenunterwäsche her. Und natürlich zählt zu den Textilbaronen auch der Moderiese Hugo Boss aus Metzingen, der am Rand der Schwäbischen Alb groß geworden ist.

Die Stuttgarter Künstlerin Lilo Rasch-Naegele, die auch als Grafikerin und Buchillustratorin arbeitete, gestaltete für Naturana zeitgenössische Werbung.

betonte Taille
durch das ins Taillette
genähte, verstellbare
Taillenband.
NATURANA
Taillette
DBGM.

Die Gallusquelle in Veringenstadt-Hermentingen ist als Naturdenkmal und Geotop ausgewiesen.

1786

Spanier finden eine neue Heimat

Das Württemberger Landschaf hat der Alb viel Gutes gebracht. Die Schafzucht und der Verkauf von Wolle und Fleisch waren Lebensgrundlage vieler Familien, die ansonsten auf den kargen Böden nicht satt geworden wären. Auch die landschaftsprägenden Wacholderheiden wären ohne die Beweidung durch Schafe nicht entstanden.

Schafe fressen, anders als Rinder oder Pferde, nahezu alles, was so auf Wiesen und am Waldrand wächst, mit Ausnahme der stacheligen, ungenießbaren Wacholderbüsche. Um jeden Schössling machen sie einen großen Bogen, und so hat sich das Bild der Hangweiden geformt: sauber abgemähte Wiesen, auf denen die Wacholder ungestört weiterwachsen konnten. Die Jahreszahl 1786 bedeutet nicht, dass mit diesem Datum die Schäferei auf der Alb begonnen hat. Schafe wurden in Württemberg schon lange vorher gehalten, typisch für Süddeutschland war das Zaupelschaf. Die Rasse war zwar recht fruchtbar, doch weder die Wolle noch der Fleischertrag waren befriedigend. Außerdem waren Zaupelschafe krankheitsanfällig, so dass sie immer wieder Viehseuchen verbreiteten. Einigen Quellen zufolge wurde ihre Haltung im 16. Jahrhundert komplett verboten.

Ende des 18. Jahrhunderts wurde man in Württemberg auf die feinwolligen Merinoschafe aufmerksam, die in Spanien gezüchtet wurden. Nachdem man in Sachsen gute Erfahrungen mit den Importen aus Spanien gemacht hatte, schickte auch Herzog Carl Eugen von Württemberg zwei Schäfer und einen Experten für die Tuchherstellung auf die iberische Halbinsel. Sie sollten vor Ort eine Herde Zuchttiere kaufen und nach Württemberg treiben. 104 der robusten, genügsamen, für die Wanderschäferei ideal geeigneten Wollschafe kamen im Herbst 1786 auf der Alb an. Sie wurden zunächst in Münsingen gehalten und mit heimischen Schafen gekreuzt. Aus diesen Anfängen ist das Württemberger Landschaf entstanden. Es hat eine feine, gut spinnbare Wolle und liefert gutes, schmackhaftes Fleisch. Auf dem Höhepunkt der Albschäferei wurde die Zucht spezialisiert: in das Merino-Langwollschaf einerseits und das Merino-Fleischschaf andererseits. Heute ist die Schafhaltung auf der Schwäbischen Alb nicht mehr von großer wirtschaftlicher Bedeutung. Wolle ist nur noch ein textiles Nischenprodukt, und Lammfleisch wird nur saisonal nachgefragt. Die Unterscheidung in Woll- und Fleischrassen spielt keine Rolle mehr. Das Württemberger Landschaf hat sich dennoch auf der Alb gehalten. Haupteinkommensquelle der Wanderschäferei der Gegenwart ist es, mittels Schafbeweidung das Landschaftsbild zu pflegen und zu erhalten.

Das Merinolandschaf hat die Landschaft der Alb geprägt.

1805

Schwäbisch-Österreich wird württembergisch

Dass Böhmen einmal zu Österreich gehörte, ist geschichtliches Alltagswissen. Es war damals, zu Zeiten der K.u.k.-Monarchie, die manche Historiker als einen Vorläufer des heutigen Vielvölker-Europa bewerten. Doch wurde auch die Schwäbische Alb einmal von Wien regiert?

Sie gehörte tatsächlich einmal zu Österreich – genauer gesagt, einige Gebiete der Schwäbischen Alb waren Teil des Habsburgerreichs. Wien regierte auch nur indirekt bis Schwaben durch, Verwaltungssitz für Schwäbisch-Österreich war Innsbruck. Das regierende Haus Habsburg nannte seine westlichsten Reichsteile Vorderösterreich oder die Vorlande. Diese Vorlande waren ein bunter Flickenteppich westlich des Lechs in den heutigen Regionen Bayerisch-Schwaben, Oberschwaben, Teilen der Schwäbischen Alb, Vorarlberg, Südbaden, Schwarzwald und Elsass. In den Besitz der Habsburger waren diese oftmals kleinen Fleckchen Erde, die teils mitten in badischem und württembergischem Territorium lagen, seit dem Mittelalter gekommen. Meist durch dynastisch geplante Heiraten, manche auch durch kriegerische Konflikte. Dieses Vorderösterreich war damaligen Quellen zufolge um 1780 an Fläche knapp größer als Württemberg, hatte allerdings deutlich weniger Einwohner.

Größere zusammenhängende Gebiete hatte Vorderösterreich im Schwarzwald, dessen südlicher Teil fast komplett von Österreich verwaltet wurde, und entlang der Donau. Freiburg im Breisgau gehörte etwa 350 Jahre lang zu Österreich und war zeitweilig Hauptstadt der Vorlande. Doch auch am Neckar rund um Oberndorf, Horb und Rottenburg wehte die habsburgische Flagge. Auf der Schwäbischen Alb gehörten Gebiete um Binsdorf, Schömberg, Sigmaringen, Munderkingen, Ehingen und Schelklingen zum habsburgischen Territorium, das sich in neun Oberämter gliederte. Kulturell wirkt die österreichische Herrschaft bis heute nach: Im Habsburgerreich war man katholisch, während die württembergischen Herzöge sich der Reformation angeschlossen hatten. Dass der nördliche Teil Württembergs heute vorwiegend protestantisch ist, der südliche katholisch, ist ein Nachhall des historischen Schwäbisch-Österreich. Das Ende der Vorlande besiegelte Napoleon Bonaparte. Österreich und das verbündete Kaiserreich Russland erlitten im Dezember 1805 in der Schlacht bei Austerlitz eine vernichtende Niederlage gegen seine Truppen. Baden, Württemberg und Bayern waren ein Bündnis mit Napoleon eingegangen und bekamen noch im selben Monat im Frieden von Pressburg die Gebiete zugeschlagen, die vorher zu Vorderösterreich gehörten. Baden stieg 1806 zum Großherzogtum auf, Württemberg und Bayern wurden Königreiche von Napoleons Gnaden.

Das Wappen von Habsburg-Lothringen markierte auch die Besitzungen in den österreichischen Vorlanden.

1811

Die Alb bekommt einen Englischen Garten

Als südliche Grenze der Schwäbischen Alb wird in der Regel das Donautal angenommen. So betrachtet, gehört der Fürstliche Park in Inzigkofen nur teilweise in dieses Buch. Der ab 1811 angelegte Landschaftsgarten im Englischen Stil liegt zu beiden Seiten des Flusses.

Seine Entstehung hat mit der napoleonischen Ära zu tun – und mit einem höfischen Skandal. Amalie Zephyrine von Salm-Kyrburg wurde 1782 mit dem Erbprinzen Anton Aloys von Hohenzollern-Sigmaringen verheiratet. Ein Jahr zuvor hatte ihr Bruder eine Schwester des Hohenzollern-Prinzen geheiratet. Die Gründe für die dynastische Verbindung waren rational: Die Fürstenfamilie von Salm-Kyrburg lebte im höfischen Umfeld König Ludwigs XVI. von Frankreich, und das teure Leben in Paris hatte ihre Kassen geleert. Die Fürsten von Hohenzollern-Sigmaringen waren politisch unbedeutend, vielleicht auch provinziell, doch sie waren standesgemäß und wohlhabend. Zunächst gelang es Amalie Zephyrine, ihren Mann nach Paris zu locken. Doch der Druck, auch seitens ihrer Schwiegereltern, dass sie ihrem Angetrauten nach Sigmaringen zu folgen habe, wuchs. 1784 kam die Fürstin erstmals in das Residenzstädtchen an der Donau – und fand es unerträglich. Nach einem Jahr und nur zehn Wochen nach der Geburt ihres Sohnes Karl, flüchtete sie aus Sigmaringen zurück nach Paris und ließ das Kind zurück. Eine Schmach für das Hohenzollern-Haus, die Lokalhistorikern bis heute Diskussionsstoff bietet.

Amalie Zephyrine überlebte in Paris die Wirren der französischen Revolution und bekam über persönliche Bekanntschaften Zugang zu Napoleon Bonaparte. Diesen nutzte sie zum Wohl ihres Sohnes Karl und erreichte 1806, dass die Häuser Hohenzollern-Sigmaringen und Hohenzollern-Hechingen souveräne Fürstentümer blieben. Anderenfalls hätte Frankreich die Territorien vermutlich dem Königreich Württemberg zugeschlagen, das Bündnispartner des französischen Kaisers war und sich schon Teile des ehemaligen Vorderösterreich einverleiben durfte. 1808 arrangierte die Fürstin die Ehe ihres Sohnes Karl mit Antoinette Murat. Sie war ein Mündel des napoleonischen Kavalleriegenerals Joachim Murat, der vom Kaiser zum Großherzog von Berg und zum König von Neapel geadelt worden war. Amalie Zephyrine folgte dem jungen Paar nach Sigmaringen und lebte ab 1810 im Amtshaus des ehemaligen Klosters Inzigkofen. Dort ließ sie den etwa 25 Hektar großen Fürstlichen Park anlegen. Markante Punkte sind bis heute der Amalienfelsen, an dem Sohn Karl in ihrem Todesjahr 1841 eine Inschrift anbringen ließ, die Eremitage und die Teufelsbrücke. In der jüngeren Vergangenheit sind Teile des Parks restauriert und 2019 ist eine Hängebrücke über die Donau eingeweiht worden.

Auf dem Weg zur sogenannten Teufelsbrücke, einem Wahrzeichen des Fürstlichen Parks Inzigkofen.

1826

Neues Leben für den Lichtenstein

Im 19. Jahrhundert blühte die Romantik. Als Kulturströmung wandte sie sich ursprünglich von den Klassikern ab, die sich an der Antike orientierten. Insofern war sie modern. Die Spätromantik um etwa 1830 wandte sich aber auch von der Realität ihrer Gegenwart ab, als Industrialisierung und Technisierung begannen, die Gesellschaft zu verändern. Letztlich kehrte sich die Romantik um in eine Weltflucht ins Idyll und in die Vergangenheit.

Egal, ob man mit »Lichtenstein« den Roman von Wilhelm Hauff meint, der 1826 erschienen ist, oder das Schloss Lichtenstein, das vom literarischen Werk Hauffs inspiriert wurde: Beides sind Perlen der Romantik. Der Lichtenstein-Mythos geht auf Burgen zurück, die es einst wirklich gab. Die erste, Alt-Lichtenstein, lag etwa 500 Meter vom heutigen Schloss entfernt, auf derselben Talseite und näher an der Albhochfläche. Sie entstand vor dem Jahr 1200 und wurde 1311 und 1381 zweimal zerstört. Nach der zweiten Zerstörung ließ man sie verfallen und baute stattdessen um 1390 eine neue Burg an der Stelle, wo heute das Schloss Lichtenstein steht. Die zweite Burg Lichtenstein galt als eine der wehrhaftesten Anlagen des Spätmittelalters und gehörte den Grafen von Württemberg. Mit dem Ende des Mittelalters verlor sie ihre militärische Bedeutung und verfiel nach und nach.

Wilhelm Hauff lässt seinen 1826 veröffentlichten Roman von Ritterlichkeit und Treue in einer Zeit etwa 300 Jahre zuvor spielen. Die Geschichte geht um Herzog Ulrich von Württemberg, der 1520 wegen vieler Verfehlungen aus seinem Land vertrieben wurde. »Lichtenstein« ist ein Roman, der in den Wirren der frühen Neuzeit Werte beschwört, die dem Rittertum zugeschrieben wurden. Romantisch also. Orte der Handlung sind unter anderem die Nebelhöhle und die Burg Lichtenstein. Zu Hauffs Zeiten stand auf dem Lichtenstein allerdings nur noch eine Ruine. Die Burgreste waren 1802 beseitigt und auf den Fundamenten war ein Forsthaus gebaut worden.

Wilhelm von Württemberg, ein Vetter des Königs, war an mittelalterlicher Geschichte interessiert, von Hauffs Roman fasziniert und auf der Suche nach einer Burgruine. Der Generalmajor in der württembergischen Armee wollte sich ein historisches Gemäuer als Sommersitz und als Ort für seine Kunst- und Waffensammlung herrichten lassen. 1837 kaufte er das Forsthaus und ließ zwischen 1840 und 1842 das heutige Schloss Lichtenstein im Stil einer Mittelalter-Burg bauen. Das Schloss gilt mit seiner gelungenen Architektur und seiner hochwertigen Innenausstattung als einer der besten Bauten des romantischen Historismus in Deutschland. An Qualität steht Lichtenstein den bayerischen Königsschlössern in nichts nach, ist aber erfrischend bescheidener und weniger prunksüchtig.

Titelseite der Erstausgabe des Romans »Lichtenstein« von 1826.

Lichtenstein
von
Wilhelm Hauff.

Geislinger Steige

1850

Die Eisenbahn bezwingt den Albaufstieg

1835 ist in Deutschland der erste von einer Dampflokomotive gezogene Zug über stählerne Schienen gerollt: zwischen Nürnberg und Fürth. Die Eisenbahn revolutionierte in den folgenden Jahrzehnten das Verkehrswesen und machte Geschwindigkeiten und Beförderungsleistungen möglich, die bis dahin undenkbar waren. Die Geislinger Steige war eine Pioniertat dieser Epoche des Bahnbaus.

Der Bau von Eisenbahnen nahm in Deutschland zunächst nur zögerlich Fahrt auf. 1838 wurden im norddeutschen Flachland erste Strecken fertig. 1840 weihte Baden einige Staatsbahnkilometer von Mannheim nach Heidelberg ein, und in Bayern konnte man im selben Jahr auf der Schiene von München nach Augsburg reisen. Dass es in Württemberg bis 1844 dauerte, bevor überhaupt der erste Spatenstich für eine Eisenbahn getan wurde, hatte Gründe. Württemberg ist ein Hügelland mit einem zentralen Mittelgebirge, das es in eine Nord- und eine Südhälfte teilt: die Schwäbische Alb. Während die Badener das Rheintal entlang von Mannheim bis Basel ihre erste Fernbahn bauen konnten und in Bayern zwischen München und Neu-Ulm keine nennenswerten Steigungen zu überwinden waren, stellte die Nord-Süd-Verbindung durch Württemberg ein ingenieurtechnisches Problem dar. Die erste württembergische Bahnlinie, zunächst als Centralbahn, später als Hauptbahn bezeichnet, wurde von Stuttgart aus gebaut. Im Herbst 1845 konnte man von Cannstatt nach Untertürkheim fahren, ein Jahr später nach Ludwigsburg. Im fertigen Zustand sollte die Centralbahn von Bruchsal (Anschluss an Baden) über Heilbronn, Stuttgart und Ulm (Anschluss an Bayern) bis Friedrichshafen am Bodensee führen. Zwischen Stuttgart und Ulm hätte man den Albtrauf umfahren können, indem die Strecke ostwärts durch das Remstal und das Brenztal ausgewichen wäre.

Doch die Planer scheuten den weiten Umweg und entwarfen den Verlauf durch das Filstal mit dem Albaufstieg hinter Geislingen. Das war kühn, denn die Steigung von 1:45, entsprechend einem durchschnittlichen Höhengewinn von 22 Metern pro Kilometer, galt für die Dampflokomotiven dieser Zeit als unüberwindbar. Kühn war auch, dass man darauf vertraute, dass bis zur Fertigstellung der Geislinger Steige die extra dafür gebauten Zugmaschinen auch wirklich funktionieren würden. So kam es dann tatsächlich. Der Bau des Albaufstiegs begann 1847, bis zu 3000 Arbeiter schlugen und sprengten die 5,7 Kilometer lange, sich durch enge Kurven schlängelnde Geislinger Steige in die Felswände des Rohrachtals. Am 29. Juni 1850 hat der erste Zug den Albaufstieg zwischen Geislingen und Ulm befahren. Der Höhenunterschied zwischen der Talstation Geislingen und dem Ende der Steige in Amstetten beträgt 112 Meter. Eisenbahnhistoriker bewerten den württembergischen Albaufstieg als die erste Gebirgsbahn Europas. Die steigenden Zuglasten in den Jahrzehnten danach machten immer wieder die Konstruktion neuer, noch leistungsfähigerer Lokomotiven für die Steilstrecke notwendig. Bis heute sind in Geislingen Schiebelokomotiven stationiert, die schweren Güterzügen über die Rampe helfen.

Kolorierte Ansichtskarte der Geislinger Steige, entstanden im Jahr 1908.

1850

Die Hohenzollern bauen eine letzte Burg

Die sogenannte Neugotik war im 19. Jahrhundert schwer in Mode. Als Kunst- und Architekturstil zitierte und imitierte sie fleißig mittelalterliche Vorbilder. Das hübsche kleine Schloss Lichtenstein des Grafen Wilhelm von Württemberg ist ein Beispiel dafür. Andere Potentaten griffen für ihre Mittelalterromantik tiefer in die Staatskassen.

König Friedrich Wilhelm IV. von Preußen stammte aus dem Haus der Hohenzollern. Der Familienzweig, der seit 1701 die preußischen Könige stellte, war über Franken und Brandenburg in den Osten des Deutschen Reichs gekommen. Mit den sogenannten schwäbischen Hohenzollern haben die preußischen Verwandten gemeinsame Wurzeln. Sie gehen auf die mittelalterliche Grafschaft Zollern mit ihrer Burg auf dem Hohenzollern bei Hechingen zurück. Als Kronprinz ließ Friedrich Wilhelm sich von der Mittelalterromantik seiner Epoche anstecken. Er erträumte sich eine Rolle als römisch-deutscher Kaiser in einem neu zu gründenden Deutschen Reich und machte sich – auch aus religiösem Pathos – für den Weiterbau des Kölner Doms stark, der seit 1560 brachlag. Den Hausberg der Hohenzollern soll er auf einer Reise im Jahr 1819 für sich entdeckt haben, als er in der Ruine der Stammburg seiner Familie stand. All diese Projekte mussten aber warten, bis er 1840 König von Preußen wurde und die Machtmittel zum Bau von Monumenten hatte. Mit den Entwürfen einer neuen Burg Hohenzollern beauftragte er den Berliner Hofarchitekten Friedrich August Stüler. 1850 wurde der Grundstein gelegt, die Fertigstellung 1867 hat Friedrich Wilhelm nicht mehr erlebt. Er starb 1861.

Die Burg, gemeinsam finanziert von den preußischen und den schwäbischen Hohenzollern, war die dritte an diesem Ort. Die erste Wehranlage, gebaut vor dem Jahr 1100, wurde 1423 durch den Schwäbischen Bund zerstört. Die zweite Burg von 1454 war mehrfach von militärischer Bedeutung, zuletzt im Winter 1745 im Österreichischen Erbfolgekrieg. Danach wurde sie nicht mehr gebraucht und verfiel allmählich. Die dritte Festung, die heutige Burg Hohenzollern, hatte keinerlei militärischen Zweck mehr. Sie war ein reiner Schmuck- und Repräsentationsbau, ein neugotisches Stilzitat des Mittelalters. Nicht alle preußischen Herrscher mochten sie. Wilhelm II., der letzte deutsche Kaiser, ließ um 1890 prüfen, ob man sie im schnörkelloseren Stil des Historismus umbauen könnte. Doch der damit befasste Architekt stellte fest, der Bau sei völlig verpfuscht. Man müsse entweder komplett neu bauen oder alles lassen, wie es sei. Kaiser Wilhelm entschied sich für das Bleibenlassen und wandte sich der Hohkönigsburg im Elsass zu, das 1871 vom Deutschen Reich vereinnahmt worden war. Diese ursprünglich staufische Burg ließ er von 1901 bis 1908 im mittelalterlichen Stil rekonstruieren. Burg Hohenzollern zeigt sich bis heute im neugotischen Bauzustand von 1867.

Monumentale Neugotik der Burg Hohenzollern.

1862

Ein Alb-Maler kommt zur Welt

Dass die Schwaben ein Volk der Dichter und Denker sind, lassen sie gern über sich sagen. Tüftler und Schaffer sind ebenfalls willkommene Zuschreibungen. Bei der Selbstdefinition des typisch Schwäbischen stehen bildende Künstler aus Württemberg und von der Alb immer ein wenig im Schatten. Zu Unrecht.

Christian Landenberger, einer der bedeutendsten schwäbischen Maler, stammt aus Ebingen, wo er 1862 geboren wurde. Sein Vater sah ihn als seinen Nachfolger im Fuhrunternehmen der Familie, der Sohn hatte andere Pläne: die Malerei. Ab 1879 erhielt er seine künstlerische Ausbildung an der Stuttgarter Kunstschule und studierte von 1883 bis 1887 Malerei an der Münchener Akademie. Inspiriert vom französischen Impressionismus lehrten die dortigen Professoren etwas damals Ungewohntes: das Malen in der Natur, die sogenannte Freilichtmalerei. 1885 kehrte Landenberger für einige Zeit nach Ebingen zurück, um den elterlichen Betrieb zu leiten, nachdem sein Vater gestorben war. Von der Malerei ließ er auch dort nicht und entdeckte für sich den besonderen, strengen Reiz der Alblandschaften als Motive. 1890 stellte er in München seine Gemälde erstmals öffentlich aus, 1895 gründete er eine private Sommerschule für Malerei in Sigmaringen. Zeitgleich arbeitete er als Zeichenlehrer in München. 1905 berief ihn die Königliche Akademie der bildenden Künste, die Nachfolgerin der Kunstschule, als Professor nach Stuttgart. Eine glänzende akademische Karriere also.

Der Maler aus Ebingen war einer der prägenden Künstler, die man unter dem Etikett »Schwäbischer Impressionismus« zusammenfassen kann. Ihre Maltechnik, die Gegenständliches aus Farbflächen komponiert, entsprach ganz dem, was um 1900 in Europa en vogue war. Doch ihre Motive und ihre Tonalität unterschieden sich vom gängigen Impressionismus. Sie gestalteten ihre Landschaftsbilder in erdigeren Tönen. Farbexplosionen, wie sie die südlichen Vertreter des Stils auf ihren Leinwänden in Szene setzten, malten die Schwaben kaum. Die Lichtstimmungen waren dunkler, die Themen ländlicher, oft waren sie die Betrachtung kleiner Details in gedämpftem Kolorit. Christian Landenberger erweiterte allerdings nach und nach seinen Stil. Seine Bilder wurden heller, mit aufgesetzten Lichtern und breitem Pinselstrich gemalt. Diese zunehmende Gefälligkeit mag auch dazu beigetragen haben, dass er populärer wurde als andere schwäbische Impressionisten.

Werke von Christian Landenberger und vielen weiteren Künstlern der Schwäbischen Alb, darunter Friedrich Eckenfelder, Felix Hollenberg und Theodor Schüz, zeigt das Albmaler-Museum im Alten Lager bei Münsingen. Der Ort ist nicht nur der Kunst und der wechselnden Ausstellungsthemen wegen unbedingt sehenswert: Das Alte Lager wurde um die Zeit herum gebaut, als auch Christian Landenberger seine ersten bedeutenden Freilichtmalereien der Schwäbischen Alb angefertigt hat. In einer denkmalgeschützten Truppenunterkunft, dem Gebäude OF 7 des ehemaligen Militärlagers, zeigt das Albmaler-Museum seit 2016 regionale Malerei von der Romantik bis zur Gegenwartskunst.

Gezeichnetes Selbstporträt Christian Landenbergers von 1912.

1870

Die Alb bekommt endlich sauberes Wasser

Wasser ist ein elementares Lebensmittel, das wichtigste von allen. Dass es in Wüstengegenden gehortet wird wie ein Schatz, ist naheliegend. Doch dass die Menschen auf den Hochflächen der Schwäbischen Alb lange Zeit ohne sauberes Trinkwasser geblieben sind, ist eine Geschichte für sich.

Sie hat mit der Geologie der Alb zu tun, die eine Karstlandschaft ist. Niederschläge verschwinden so schnell in den Spalten und Klüften des Kalkgesteins, wie sie gefallen sind. Flüsse oder Seen bilden sich auf der Albhochfläche praktisch nicht. Genauer gesagt, es gibt sie, allerdings unterirdisch. Diese Flusssysteme speisen am Albrand Quellen wie den bekannten Blautopf in Blaubeuren. Um mit Wasser versorgt zu sein, haben die Menschen auf der Alb jahrhundertelang Niederschlagswasser in Zisternen oder sogenannten Hülen gesammelt. Hülen waren künstlich angelegte Teiche, oft mit Lehm abgedichtet, in denen Regenwasser gestaut wurde, oftmals über Systeme von Gräben und Rinnen, um die Ausbeute zu erhöhen. Nicht nur die Menschen brauchten Wasser, auch das Vieh, mit dem man die Feldarbeit verrichtete. Über die hygienische Qualität dieses gesammelten Wassers, speziell in längeren Trockenperioden, haben Zeitgenossen notiert: »Strohgelb bis kaffeebraun hat sich das Wasser gefärbt, das von den Strohdächern niederrinnt. Nur wer von Jugend auf an den Anblick dieses Wassers sich gewöhnt hat, vermag ohne Abscheu das Glas an die Lippen zu setzen.« Das angestaute Wasser war nicht nur unappetitlich, es verbreitete immer wieder Krankheiten und Seuchen.

Um 1830 begannen erste Bohrungen nach Tiefenwasser, dabei wurden jedoch keine Vorkommen entdeckt, die für eine flächendeckende Wasserversorgung ausreichten. Heute weiß man, dass man hätte tiefer bohren müssen, was damals technisch noch nicht möglich war. Eine gangbare Lösung legte dann 1866 der Stuttgarter Ingenieur Karl Ehmann vor, im Königreich Württemberg »Erster Staatstechniker für das öffentliche Wasser-Versorgungs-Wesen«. Er plante die »künstliche Wasserversorgung der Alborte des Königreiches« mit Pumpwerken. Wasser sollte von tiefer gelegenen Quellen in Hochbehälter auf der Alb gepumpt werden. Zum Antrieb der Pumpen sollten Wasserräder oder Turbinen dienen. Im Prinzip genial einfach. Doch stießen die Pläne zunächst auf Widerstand der Bevölkerung, denen sie zugutekommen sollten. Die Albgemeinden sollten zwei Drittel der Baukosten tragen, was viele ablehnten. Am Ende setzte die Vernunft sich durch, und 1870 wurde der erste Bauabschnitt der Albwasserversorgung begonnen. Bei Schelklingen entstand ein Pumpwerk, das Wasser aus dem Flüsschen Schmiech in ein 200 Meter höher gelegenes Wasserreservoir in Justingen drückte. Als im Februar 1871 erstmals Wasser aus den dafür angelegten Brunnen floss, war das Ergebnis so überzeugend, dass weitere Albgemeinden der Wasserversorgung zustimmten. Bis 1923 entstanden 23 sogenannte Gruppen, die 295 Siedlungen mit etwa 100 000 Bewohnern erschlossen. Nur die erste Versorgungsgruppe nutzte Flusswasser, die späteren entnahmen Quellwasser. Der gesundheitliche Effekt stellte sich schnell ein: Die Sterberaten durch Typhus und die Verluste durch Rindertuberkulose gingen deutlich zurück. Heute beziehen Kommunen auf der Alb Trinkwasser auch von der Bodensee-Wasserversorgung und von der Landeswasserversorgung.

Karl Ehmann war der Planer und leitende Ingenieur der Albwasserversorgung.

1877

Ein Scheidepunkt wird entdeckt

Die Schwäbische Alb ist immer gut für rätselhafte Phänomene. Zum Beispiel dafür, dass die Donau im Erdboden versinkt, kaum dass sich die Schwarzwaldflüsse Breg und Brigach zu einem gemeinsamen Fluss vereint haben.

Die sogenannte Donauversinkung findet an drei Stellen zwischen Immendingen und Fridingen statt. In Trockenperioden und wenn die Zuflüsse wenig Wasser führen, verschwindet die Donau komplett. In Wahrheit verschwindet sie nicht einfach, sondern taucht in ein uraltes unterirdisches Flusssystem ab. In der Tiefe verborgene Gewässer sind typisch für kalkige Karstgebirge, in denen Oberflächenwasser in Klüften und Spalten versinkt. Man liest oft auch den Begriff Donauversickerung, der die Sache aber nicht richtig beschreibt. Das Wasser versickert nicht, sondern fließt als gerichteter Strom ab. Und zwar in Richtung Rhein. Dieser unterirdische Strom wird als Schwarze Donau bezeichnet, unterquert die Europäische Wasserscheide und kommt als Quelltopf der Radolfzeller Aach wieder ans Tageslicht. Das Flüsschen fließt in den Bodensee, und von dort gelangt das Wasser, das einmal aus der Donau kam, in den Rhein und wird mehr als 1000 Kilometer später Teil der Nordsee.

Die Menschen der Region haben das Phänomen der verschwundenen Donau immer schon beobachtet. Man ging lange davon aus, das Wasser folge unterirdisch dem weiteren Donauverlauf. Seit 1877 weiß man es besser. Der Karlsruher Geologe Adolph Knop kippte 20 Tonnen Salz, 1,2 Tonnen Schieferöl und zehn Kilogramm des Farbstoffs Natriumfluorescein an einer Stelle der Donauversinkung aus. 60 Stunden später tauchte das leuchtend grüne, nach Teer riechende Wasser wieder auf. Nicht in der Donau, sondern im Aachtopf. Womit bewiesen war, dass sich die Obere Donau teilt. Wenn die Versinkungsstellen nicht komplett trockenfallen, fließt das Oberflächenwasser der Donau in Richtung Schwarzes Meer. Der größere unterirdische Strom, die Schwarze Donau, schickt sein Wasser in Richtung Nordsee. Für die kommenden Jahrtausende erwarten Geologen, dass die Obere Donau irgendwann einmal komplett zum Flusssystem des Rheins umgeleitet wird. Dann würden die heutigen Nebenflüsschen Krähenbach und Elta zu den Quellflüssen des zweitgrößten europäischen Stroms. Und die Donau wäre nicht mehr wie heute 2857 Kilometer lang.

Eine der drei Donauversinkungen findet sich kurz hinter Immendingen.

Die Steinzeit bekommt ihre Romanhelden

Bis in die Mitte des 20. Jahrhunderts war der Roman »Rulaman« ein populäres Jugendbuch und Lesestoff für den Schulunterricht. Er handelt von einer steinzeitlichen Sippe von Jägern und Sammlern. Der Autor David Friedrich Weinland lässt seine Romanfiguren in einer fiktiven Höhle, der Tulkahöhle, leben, die ein konkretes Vorbild hat.

David Friedrich Weinland wurde 1829 in Grabenstetten auf der Alb geboren und starb 1915 unweit davon entfernt auf seinem Hofgut Wittlingen bei Bad Urach. Diese Eckdaten deuten auf ein bodenständiges Leben hin, doch das Gegenteil war der Fall. Der Pfarrerssohn studierte Theologie in Tübingen, doch interessierte sich mehr für Naturwissenschaft, speziell die Zoologie. Er schloss beide Studienfächer ab und arbeitete zunächst am Zoologischen Museum Berlin. Von dort ging er als Zoologe an die Harvard University und bereiste den ganzen amerikanischen Kontinent. 1859 kehrte er nach Deutschland zurück und wurde Direktor des Frankfurter Zoologischen Gartens. Er war Mitglied in zwei der renommiertesten wissenschaftlichen Gesellschaften der damaligen Zeit, der American Academy of Arts and Sciences und der deutschen Leopoldina. Die Stelle als Zoodirektor in Frankfurt musste er schon 1863, gerade einmal 34 Jahre alt, aus gesundheitlichen Gründen aufgeben. Seine weiteren Lebensjahre verbrachte er als Privatgelehrter und Schriftsteller vorwiegend auf dem Hofgut Wittlingen, das er von seinem Vater geerbt hatte.

Dort entstand auch sein Roman »Rulaman«. 1856 war das erste Skelett eines Neandertalers entdeckt worden, 1859 hatte Charles Darwin seine Theorie über die Entstehung der Arten veröffentlicht. Weinland verknüpfte für sein 1878 erstmals aufgelegtes Buch zoologisches Wissen mit den damals noch spärlichen Erkenntnissen über die Ur- und Frühgeschichte. Den Roman schrieb er für seine Söhne, um ihnen ein Gefühl für das Leben ihrer Urahnen auf der Schwäbischen Alb zu geben. Heute weiß man, dass die Eiszeitkunst auf der Alb eine der kulturellen Wiegen der Menschheit war. Das Vorbild für die Tulkahöhle hatte Weinland praktisch täglich vor Augen: Es ist die Schillerhöhle bei Wittlingen, in der man 1833 Knochen von Bären und Luchsen sowie einen menschlichen Schädel gefunden hatte. Die Namen seiner Romanhelden entlehnte Weinland dem Lappländischen, da er die Theorie verfolgte, die Nomaden Lapplands seien die letzten Vertreter einer europäischen Urbevölkerung. Das Buch, eine Mischung aus Erzählungen und Erklärungen, schildert im ersten Teil die geologische und biologische Entwicklung vom Erdaltertum bis zu den Eiszeiten. Die spannenden Episoden um den Häuptlingssohn Rulaman und seine Sippe an der Schwelle von der Stein- zur Bronzezeit haben David Friedrich Weinlands Roman bis in die 1950er Jahre zu einem der meistgelesenen deutschsprachigen Jugendbücher gemacht.

Der Jugendroman »Rulaman« war mit vielen Illustrationen in zeitgenössischem Stil versehen.

Die Burgruine Hohenneuffen am Albtrauf über dem Städtchen Neuffen.

1879

Ein Weltgenie wird geboren

Mit den wissenschaftlichen Erkenntnissen Albert Einsteins geht es wahrscheinlich vielen Menschen ähnlich: Man versteht mit Müh und Not, worum es geht. Nachvollziehen können Einsteins Berechnungen nur Physiker. Vor allem aber steht man staunend vor Einsteins Gabe, um sämtliche Ecken des etablierten Wissenschaftsgebäudes herumzudenken und die Welt aus völlig neuen Blickwinkeln zu betrachten.

Albert Einstein, 1879 in Ulm geboren, gilt als einer der bekanntesten Wissenschaftler der Neuzeit und als einer der schillerndsten. Geradlinig verlief sein Leben nicht, doch gerade Linien gibt es ja auch in seinem Wissenschaftsuniversum nicht. Er war Bürger vieler Staaten: Von Geburt besaß er die württembergische Staatsbürgerschaft, zwischen 1896 und 1901 galt er als staatenlos und lebte in der Schweiz. Aus der württembergischen Staatsangehörigkeit war er entlassen worden, weil er in Deutschland keinen Wehrdienst leisten wollte. 1901 bürgerte die Schweiz ihn ein, Einstein blieb bis zu seinem Tod 1955 Schweizer Staatsbürger. 1911 wurde er auch Österreicher, da er als Professor an der deutschen Universität Prag lehrte. Von 1914 bis 1932 lebte Albert Einstein in Berlin und war als preußischer Bürger Staatsangehöriger des Deutschen Reichs. Als Adolf Hitler an die Macht kam, gab Einstein seinen deutschen Pass zurück und trat aus der Preußischen Akademie der Wissenschaften aus. Als Pazifist und Jude musste er davon ausgehen, ohnehin ausgeschlossen zu werden. Seinen Antrag auf Ausbürgerung aus Deutschland lehnten die Behörden 1933 ab. 1934 erreichte ihn ein Schreiben, er sei aus dem Deutschen Reich strafausgebürgert worden. Als die Nazis »undeutsches Schrifttum« öffentlich verbrennen ließen, waren auch Veröffentlichungen von Albert Einstein dabei. Zu dieser Zeit war der Physiker bereits Mitglied des Institute for Advanced Study an der Princeton University, New Jersey. Ihm gelang, fast seinen ganzen Besitz von Berlin nach Princeton zu schaffen. Unter anderem hatte der französische Botschafter in Berlin Einsteins gepackte Kisten als Diplomatengepäck nach Paris geschickt. 1940 wurde er auch Staatsbürger der Vereinigten Staaten.

Mit seiner Geburtsstadt hat Albert Einstein relativ wenig verbunden. Seine Eltern entstammten schwäbisch-jüdischen, assimilierten Mittelstandsfamilien. Er lebte nur 15 Monate lang in Ulm, danach zog die Familie nach München. Viele seiner Cousins und Cousinen blieben dagegen in der Stadt an der Donau. Zu seiner Cousine Lina hatte Einstein den innigsten Kontakt. Als sie 1940 im Alter von 65 Jahren zwangsweise in das jüdische Altersheim Oberstotzingen eingewiesen wurde, wollte Albert Einstein sie in die USA holen. Er konnte jedoch nicht verhindern, dass Lina Einstein 1942 ins KZ Theresienstadt deportiert und ermordet wurde. Nach dem Ende der Nazi-Herrschaft antwortete Albert Einstein stets höflich auf Schreiben der Ulmer Stadtverwaltung; die Annahme der Ehrenbürgerwürde lehnte er aber mit Hinweis auf die Verbrechen des Nationalsozialismus ab. Er hat Ulm auch nie mehr besucht.

Porträtfoto des Wissenschaftsgenies aus dem Jahr 1921.

1880

Die Alb bekommt ihr Tafelsilber

Die Fischhalle von WMF in Geislingen an der Steige war für Generationen von Schwaben einen Abstecher wert. Dort konnte man erstklassiges Besteck und gute Töpfe im Werksverkauf für kleines Geld erstehen. Man könnte meinen, die Fischhalle habe ihren Namen daher, dass man dort nach Schnäppchen fischen kann. Es ist aber anders.

Die Württembergische Metallwarenfabrik AG, kurz WMF, ist 1880 aus einer Fusion entstanden. Der metallverarbeitende Betrieb Straub & Sohn in Geislingen schloss sich mit der finanziell angeschlagenen Metallwarenfabrik Ritter & Co. aus Esslingen zusammen. Der Firmeninhaber Daniel Straub war mit dem Eisenbahnbau an der Geislinger Steige wohlhabend geworden: Er richtete um 1847 eine Werkstätte zum Schärfen von Werkzeugen und zur Reparatur von Maschinen der Baukolonnen ein. Nachdem die Eisenbahnarbeiter weitergezogen waren, betrieb Straub eine Eisengießerei und später gemeinsam mit Partnern eine Metallwarenfabrik, die sogenannte Plaquéwaren herstellte, zum Beispiel Bestecke, auf die eine Schicht aus Silber galvanisiert wurde. Nach Gründung der WMF zog Straub sich aus dem Unternehmen zurück, das an der Stuttgarter Börse notiert war. Kerngeschäft war die Herstellung von Bestecken und Kochgeschirr, weltweit bekannt geworden ist das Unternehmen seit den 1920er Jahren mit seinen Schnellkochtöpfen, die zunächst von der Unternehmenstochter Silit gefertigt wurden.

Die Aktienmehrheit an der WMF erwarb 1882 der Stuttgarter Unternehmer Gustav Siegle, der bis heute für sein soziales Engagement bekannt ist. Er ließ im Unternehmen eine Betriebskrankenkasse, eine Betriebssparkasse und einen Wohlfahrtsverein einrichten, der Bedürftigen soziale Leistungen anbot. Und er ließ 1912 die Fischhalle bauen. Die Arbeiter der WMF wurden ordentlich bezahlt, doch nicht üppig, und Fleisch war sehr teuer geworden. Das Unternehmen bot seinen 3000 Mitarbeitern ab 1912 Fisch zum Selbstkostenpreis an und ließ dazu eigens eine Halle auf dem Werksgelände errichten. Seit den 1970er Jahren befindet sich in dieser ehemaligen Fischhalle der Werksverkauf.

Die Jahre des Nationalsozialismus sind ein dunkles Kapitel der Firmengeschichte. Für die WMF wurden ein sogenanntes Fremdarbeiterlager und ein KZ-Außenlager eingerichtet. Wie viele Zwangsarbeiter und KZ-Häftlinge in Geislingen oder bei der Deportation in andere Lager ihr Leben ließen, ist bis heute nicht komplett aufgearbeitet. Gustav Siegles Nachkommen blieben bis 1980 Mehrheitsaktionäre, dann verkauften sie ihre Anteile. Den höchsten Stand an Mitarbeitern in Geislingen erreichte die WMF Mitte der 1960er Jahre, als sie 6000 Menschen Arbeit gab. Es war auch die Zeit ihres besten Rufs als Hersteller schöner und langlebiger Haushaltswaren. Seit 2016 gehört die WMF der französischen Groupe SEB, die die Herstellung von Edelstahlkochgeschirr aus Geislingen abgezogen hat. Die WMF-Mitarbeiterzahl wird mit weltweit 6500 angegeben, in Geislingen selbst arbeitet nur noch ein Bruchteil dieser Belegschaft.

Essbestecke und Kochutensilien von WMF haben bis zum heutigen Tag einen guten Ruf.

Perfect Ultra

Schw. Albverein
Domäne - Karlshof 500 m ü. M.
Schweindorf 6 Km
Mönchsdeggingen 10 Km
Bopfingen 20 Km
Eisbrunn 16 Km
Neresheim 16 Km
Harburg 20 Km
Nördlingen 10 Km
Donauwörth 30 Km
Christgarten - Neresheim
Schweindorf - Bopfingen
Hürnheim - Herkheim
Nördlingen (nächster Weg)

1888

Die Alb bekommt ihren eigenen Verein

»Verschönerungsverein« klingt altmodisch, und das ist es auch. Verschönerungsvereine wurden im 19. Jahrhundert gegründet, um den sogenannten Fremdenverkehr anzukurbeln. Man baute Aussichtstürme, hübschte die Ortschaften auf und legte Wege in der Natur an. Heute würde man von Tourismus und Tourismusförderung sprechen. Der Schwäbische Albverein ist 1888 als Zusammenschluss solcher Verschönerungsvereine entstanden.

Die Idee zum Schwäbischen Albverein kam dem Esslinger Arzt Valentin Salzmann. Er hatte 1863 in Esslingen einen der ersten Verschönerungsvereine Württembergs gegründet und lud im August 1888 die Vertreter weiterer solcher Vereine nach Plochingen ein. Sein Ziel war, die touristischen Aktivitäten am Albtrauf, der bereits zu dieser Zeit viele Ausflügler anzog, überregional zu koordinieren. Seine Idee traf auf fruchtbaren Boden, Salzmann wurde auf der ersten Hauptversammlung des Albvereins im Mai 1889 zum Vorsitzenden gewählt. Allerdings starb er nur wenige Monate später, so dass der Esslinger Rechtsanwalt und Mitgründer des Albvereins, Ernst Camerer, in dieses Amt kam. Er leitete den Albverein bis 1913 und baute die Organisationsstruktur mit Gauen und Ortsgruppen auf. Unter seiner Leitung entstand das Wanderwegenetz mit einheitlicher Beschilderung, es wurden Aussichtstürme und Wanderheime errichtet, Wanderkarten und Publikationen herausgegeben. Sein Nachfolger von 1913 bis 1933 wurde der Tübinger Lehrer, Naturschützer und Heimatforscher Eugen Nägele, der die Geschäftsstelle des Albvereins in die Universitätsstadt am Neckar verlegte. Knapp zehn Jahre nach seiner Gründung hatte der Schwäbische Albverein schon 20 000 Mitglieder. Die höchste Mitgliederzahl wurde in den 1970er Jahren mit mehr als 100 000 erreicht.

Auch wenn der Verein sich ursprünglich um die touristische Erschließung des Albtraufs und der Schwäbischen Alb gekümmert hat: Er ist ein Wanderverein für und in ganz Württemberg, von der Tauber bis zum Bodensee, und kooperiert in vielen Bereichen mit dem benachbarten Schwarzwaldverein. Der Albverein ist in 22 sogenannte Gaue gegliedert, in denen es 570 Ortsgruppen gibt. Neben dem Wandern widmen sich die Vereinsmitglieder der Regionalkultur und dem Schutz von Landschaft und Natur. Seit 1994 ist der Verein auch anerkannter Naturschutzverband. Ganz an der Basis hat der Albverein seine größte Außenwirkung: mit seinen ehrenamtlichen Wegewarten und Wanderführern. Kommen die Warte mit der Wege-Pflege nicht hinterher, stehen Ortsunkundige im Regen. Die Wanderführer des Albvereins stellen Saison für Saison interessante Programme zusammen, die Mitgliedern und Gästen Lust auf Wandern und Natur machen.

Der Albverein hat wesentlich dazu beigetragen, dass die Landschaft für Wanderer erlebbar wurde.

1891

An der Fils wird die Modellbahn erfunden

Spielzeugeisenbahnen gab es, seit es die große Eisenbahn gibt. Die frühen Eisenbahn-Spiellokomotiven waren aus Holz, und die Kinder zogen sie an einem Schnürchen hinter sich her. Später kamen Eisenbahnmodelle aus Blech hinzu, manche auch mit Schienen. Doch es waren jeweils individuelle Spielzeuge, nicht dazu gemacht, systematisch erweitert zu werden.

Den ersten Schritt zur Modelleisenbahn, die Stück für Stück von einem ersten Gleisoval zu einer ganzen Anlage ausgebaut werden konnte und deren Baugrößen vereinheitlicht sind, hat ein Göppinger Unternehmen gemacht: die »Gebr. Märklin u. Co.«. Diese Gebrüder waren Eugen und Karl Märklin, die ihr Unternehmen 1888 gründeten. Es entstand aus einem Familienbetrieb, den ihre Mutter mehr als 20 Jahre geleitet hatte. 1891 stellte Märklin auf der Leipziger Frühjahrsmesse sein erstes Eisenbahnmodell vor. Die nachgebildete Lokomotive wurde von einem Uhrwerk angetrieben, das Schienenoval hatte die Form einer Acht. Ob Märklin auch die erste elektrische Modelleisenbahn der Welt auf den Markt brachte, ist nicht sicher. Ein Nürnberger Spielzeughersteller hatte 1893 in den USA eine elektrisch angetriebene Spielzeug-Straßenbahn vorgestellt. Doch ob und wann dieses Modell in Serie ging, ist unklar. Märklin bot sein erstes elektrisch angetriebenes Modell 1895 an und erweiterte die Palette ab 1897 kontinuierlich – etwa drei Jahre, bevor es am Firmenstandort Göppingen überhaupt ein Elektrizitätswerk gab. Ganz ungefährlich war das Spiel mit den ersten elektrischen Modellbahnen nicht – sie wurden mit Starkstrom betrieben. Erst später wurden sie dank Transformatoren zum populären, harmlosen Kinderspielzeug.

Die Modellgleise hatten anfangs einen Abstand von 48 Millimetern zwischen den Schienen. Märklin nannte sie »Spur I«, da sie die erste produzierte Baugröße waren. Es folgten breitere Gleise für größere Modelle, die »Spur II« und »Spur III« genannt wurden. Als man erkannte, dass kleinere Modelle besser zu vermarkten waren, führte man eine Bahn mit 32 Millimetern Spurweite ein. Weil die römische I schon belegt war, bekam sie den Namen »Spur 0«. Die heute populärste Baugröße ist H0: 1935 brachte Märklin Gleise mit 16,5 Millimetern Spurweite auf den Markt – das war etwa die Hälfte der Spur 0 und wurde deshalb Halb-Null genannt: H0. 1972 hat Märklin schließlich die bis heute kleinste funktionsfähige europäische Modellbahngröße eingeführt: die Spur Z. Nach dem Zukauf der Nürnberger Marken Trix (1997) und LGB (2007) bietet Märklin Modellbahnen in allen gängigen Maßstäben an und produziert zumindest einen Teil seines Sortiments bis heute am Stammsitz Göppingen.

Eines der frühesten Blech-Modelle von Märklin in Spur I.

1895

Kanonen donnern auf der Alb

Auf der Alb ist es einem alten Spruch zufolge immer einen Kittel kälter als anderswo. Und karg, weil trocken, ist die Alb auch. Kein Wunder, dass sie stellenweise nur dünn besiedelt ist, zum Beispiel in der Gegend um Münsingen. Das hat sich 1895 das württembergische Militär zunutze gemacht.

Es richtete 1895 einen Truppenübungsplatz bei Münsingen ein. Komplett menschenleer war das vorgesehene Schieß-, Manöver- und Exerziergelände allerdings nicht. Die Bewohner einiger kleiner Dörfer wie Bäumlersburg, Heroldstatt, Ludwigshöhe und Achenbuch mussten zwangsweise umsiedeln. Als der Truppenübungsplatz 1938 erweitert wurde, hörte auch die Gemeinde Gruorn auf zu bestehen. Militärisch betrachtet war das sogenannte Württembergische Armee-Korps, das bei Münsingen in seine Manöver zog, seit 1871 Teil der Armee des Deutschen Kaiserreiches. Die Gebäude, die auf dem neu angelegten Truppenübungsplatz errichtet wurden, kennt man heute als Altes Lager. Es war ein militärischer Mikrokosmos mit etwa 150 Häusern, darunter Mannschafts-, Offiziers- und Unteroffiziersunterkünfte, Kantinen und Offizierskasinos und ein Postamt, die meisten Gebäude in schlichter, funktionaler Backstein- und Fachwerkarchitektur. Viele von ihnen sind erhalten, alle erhaltenen sind denkmalgeschützt und aus heutiger Perspektive durchaus schmuck anzuschauen. Ehemalige Soldaten haben die Örtlichkeiten anders beschrieben: dürftig, zugig, spärlich beheizt.

Nach dem Ende des Kaiserreichs nutzte die Reichswehr den Truppenübungsplatz, später die Wehrmacht des nationalsozialistischen Deutschland. In beiden Weltkriegen waren Kriegsgefangene im Alten Lager untergebracht, nach 1945 waren Truppen der französischen Besatzungsarmee dort stationiert. Die Bundeswehr durfte den Platz ab 1957 mitbenutzen und übernahm ihn 1992 komplett, als Frankreich seine Truppen aus dem wiedervereinigten Deutschland abzog. 2005 wurde der Truppenübungsplatz, der rechtlich ein gemeindefreier Gutsbezirk war, geschlossen. Auch ein Neues Lager hat es einmal gegeben: Im Ersten Weltkrieg wurde ein zweites Barackenlager gebaut, aus dem später die Münsinger Herzog-Albrecht-Kaserne wurde. Sie ist 2004 abgerissen worden.

Heute ist das Alte Lager die Keimzelle des Biosphärengebiets Schwäbische Alb und beherbergt dessen Verwaltungs- und Informationszentrum. Seit 2015 wird das Alte Lager unter dem Namen Albgut privatwirtschaftlich betrieben. Inhaber ist Franz Tress, den man auch als Nudelpionier von der Alb kennt. Er hat handwerkliche Manufakturen und Gastronomie angesiedelt, und man kann im Alten Lager Räume für Ausstellungen, Veranstaltungen oder Feiern mieten. Ziel ist, das Alte Lager zum touristischen Ankerpunkt des Biosphärengebiets zu entwickeln.

Gut 100 Jahre lang übte das Militär auf der Alb den sogenannten Ernstfall.

1900

Hohenzollern findet Anschluss

Dass Hohenzollern im heutigen Baden-Württemberg ein Sonderfall ist, hat bis in die jüngere Vergangenheit gewirkt. Nahezu in Vergessenheit geraten ist, dass der Regierungsbezirk Sigmaringen fast 100 Jahre lang zu Preußen gehört hat. Mit der Folge, dass Hohenzollern nach 1900 seine eigene kleine Staatsbahn bekam.

An den Fürstentümern Hohenzollern-Hechingen und Hohenzollern-Sigmaringen war 1806 der Kelch der sogenannten Mediatisierung vorübergegangen. Sie wurden von Napoleon Bonaparte nicht dem Königreich Württemberg zugeschlagen, sondern blieben souveräne Staaten. Erreicht hatte das die Sigmaringer Fürstin Amalie Zephyrine durch ihre Kontakte zum Umfeld des französischen Kaisers. Die Hohenzollern mussten sich lediglich dem Rheinbund anschließen und Truppen für Napoleons Kriegszüge stellen. Gut 40 Jahre später war es mit der Souveränität dann aber vorbei. Als die Revolution von 1848/49 Demokraten in ganz Deutschland zur Fahne und zu den Waffen greifen ließ, kam es auch in Hohenzollern zum Aufruhr. Am Ende der Tumulte hatten die beiden schwäbischen Hohenzollern ihre preußischen Vettern zu Hilfe geholt und waren preußische Truppen in ihren Fürstentümern stationiert. Beide Herrscher dankten ab und übergaben ihre Staaten an das Königreich Preußen. Die Hauptstadt der Hechinger und Sigmaringer war fortan Berlin.

Ab den 1840er Jahren begann die Epoche des Eisenbahnbaus. In Württemberg ergab sich aus der Sondersituation der Hohenzollernschen Lande, wie das preußische Territorium genannt wurde, ein Kuriosum: Hohenzollern zog sich halbmondförmig über die Mittlere Alb, war nördlich der Donau rundum von Württemberg umgeben. Das machte den Eisenbahnbau kompliziert, da man Staatsverträge brauchte, wenn man grenzüberschreitend planen wollte. Die Württembergische Staatsbahn machte den Anfang mit der Hohenzollernbahn, die in Tübingen von der Neckarbahn abzweigt und 1869 bis Hechingen fertiggestellt war. Die als Hauptbahn geplante Linie erreichte 1874 das württembergische Balingen und schließlich 1878 den Endbahnhof Sigmaringen. Zehn Jahre Bauzeit belegen, dass nicht nur das Terrain schwierig war, sondern auch die Genehmigungsverfahren.

Um die Fläche zu erschließen, waren Nebenbahnen das geeignete Mittel. Doch Württemberg konnte sie im preußischen Hohenzollern nicht bauen, und Berlin war weit weg. Erst nachdem 1892 in Preußen ein sogenanntes Kleinbahngesetz erlassen wurde, kam Bewegung in die Sache. Die Hohenzollern'sche Kleinbahngesellschaft, zu 75 Prozent in staatlichem Besitz, baute 1900 und 1901 von den württembergischen Staatsbahnhöfen Sigmaringendorf, Hechingen, Eyach und Kleinengstingen zunächst Stichbahnen in die dünn besiedelte Gegend. Später, unter dem 1907 geänderten Namen Hohenzollerische Landesbahn (HLB, später HzL), wurden sie zu einem geschlossenen Netz von knapp 110 Kilometern Länge verknüpft. Etwa zehn Prozent der Strecken lagen in Württemberg. Seit 1972 war das Land Baden-Württemberg Mehrheitsaktionär der HzL, die restlichen Aktien teilten sich der Zollernalbkreis und der Landkreis Sigmaringen. Im Jahr 2018 fusionierte die HzL mit der komplett landeseigenen Südwestdeutschen Verkehrs-AG (SWEG). Ihre Fahrzeuge sind weiterhin mit dem Markenzeichen HzL unterwegs.

Schienenbusse prägten jahrzehntelang das Bild des HzL-Personenverkehrs.

1902

Der Teddybär kommt zur Welt

Die erfolgreichsten Marken zeichnet aus, dass ihr Name zum Synonym für eine ganze Produktgruppe wird. So wie »Tempo« für Papiertaschentuch oder »Uhu« für Alleskleber. Oder eben »Steiff-Tier« und »Teddybär«.

Erfunden hat den knuffigen Bären im Jahr 1902 Richard Steiff in Giengen an der Brenz auf der Ostalb. Der 25-Jährige arbeitete seit 1897 im Unternehmen seiner Tante Margarete Steiff. Sie hatte 20 Jahre zuvor den ersten Erfolg mit einem weichen, plüschigen Spieltier gehabt, dem »Elefäntle«. Ursprünglich sollte er ein Nadelkissen werden, doch die Kinder liebten ihn bald als Spielzeug. Richard Steiff war ein kreativer Kopf, der an der Kunstgewerbeschule in Stuttgart studiert hatte. Er machte 1902 erste Entwürfe von Spieltieren mit beweglichen Gliedern, darunter den eines Bären. Der Bär als Vorlage faszinierte ihn aufgrund der Art, wie Bären sich bewegen, und weil sie eben schon in natura plüschig und knuffig wirken. Tante Margarete war vom Entwurf des »Bär 55 PB« (die 55 stand für die Größe in Zentimetern, P für Plüsch, B für beweglich) nicht überzeugt. Sie fand ihn plump, nicht weich genug, zu groß und zu teuer in der Herstellung. Sehr reserviert war auch die Rückmeldung von Spielzeug-Importeuren in den USA, wohin man einige »Bär 55 PB« testweise geschickt hatte. Auf der Leipziger Frühjahrsmesse 1903 fand der Steiff-Bär zunächst ebenfalls keine Freunde. Am letzten Messetag entdeckte ihn dann aber doch der Vertreter eines großen Kaufhauses in den USA, kaufte sämtliche Bären vom Messestand und bestellte weitere 3000 Stück.

Richard Steiff nahm die erste Kritik konstruktiv auf und tüftelte weiter an einem Bären, der die Herzen wärmte. Er machte das Plüschtier kleiner und knuffiger, verbesserte die Beweglichkeit von Armen und Beinen. 1904 verkaufte Steiff von diesem Modell »Bär 35 PB« weit über 10 000 Stück. Das nahm auch die Konkurrenz wahr und brachte ebenfalls Plüsch-Bären auf den Markt. Richard Steiff hatte eine Idee, wie man das Original kenntlich machen könne: den bis heute verwendeten Knopf im linken Ohr. Zunächst hatten die Knöpfe kein Markenemblem, später wurde das »Elefäntle« eingestanzt. Heute tragen sie den Schriftzug »Steiff«. Wie der Teddybär zu seinem Namen kam, ist oft erzählt worden und hat ursprünglich nichts mit den Steiff-Bären zu tun. US-Präsident Theodore »Teddy« Roosevelt war Hobby-Jäger und hatte auf einem Jagdausflug 1902 keinen Bären vor die Flinte bekommen. Als seine Gastgeber ihm daraufhin ein Bären-Baby präsentierten, das an einem Baum festgebunden war, wollte er es nicht erschießen. Dieses Ereignis verarbeitete ein Zeitungskarikaturist und stellte Roosevelt auch in folgenden Karikaturen immer wieder ein putziges Bären-Baby zur Seite. Das machte Plüsch-Bären in den USA populär, man nannte sie Teddy bear. Als Steiff 1904 seinen »Bär 35 PB« in den USA präsentierte, war der Boden für einen knuffigen Plüsch-Bären bestens bereitet, und seinen Namen hatte er auch schon weg.

Für Plüschbären, wie sie die Marke Steiff populär machte, hat sich der Name Teddy eingebürgert.

1905

Die Alb bekommt eine Unterhose

Sogenannte Verschönerungsvereine begannen in der zweiten Hälfte des 19. Jahrhunderts, die Attraktivität von Ortschaften und Landschaft zu pflegen. Gern wurden an markanten Punkten Aussichtstürme errichtet, in Stuttgart etwa der Hasenberg- und der Kriegsbergturm. Über dem Echaztal entstand 1905 der Schönbergturm.

Bauherr dieses Aussichtsturms war der Schwäbische Albverein. Er war 1888 als Zusammenschluss mehrerer Verschönerungsvereine rund um den Albtrauf entstanden. 1893 gab es erste Ideen für einen Turm auf dem Schönberg, den man damals noch Schemberg nannte. Der Schönberg liegt zwei Kilometer südlich von Pfullingen, ist 793 Meter hoch und überragt markant das Echaztal, an dessen anderem Ende Schloss Lichtenstein auf einer Felsnadel thront. Allein hätte der noch junge Albverein die Kosten für einen Turmbau nicht tragen können, schon gar nicht für das extravagante Bauwerk, zu dem er dann wurde. Doch gab es in Pfullingen einen Förderer: Louis Laiblin, dessen Familie in der Papierindustrie wohlhabend geworden war. Er hatte sich schon im Alter von 25 Jahren aus dem Tagesgeschäft verabschiedet, lebte vom Privatvermögen, wanderte gern und förderte die schönen Künste. Er machte es möglich, dass man den renommierten Münchener Baumeister Theodor Fischer mit einem Entwurf für einen Aussichtsturm beauftragen konnte. Seine Architektur war für die damalige Zeit außergewöhnlich, und noch heute wirkt der fast 27 Meter hohe Turm wie ein Bauwerk der Gegenwart. Wegen seiner Form und der weißen Farbe des Putzes haben die Einheimischen ihm bald einen Necknamen gegeben: Unterhose, auf Schwäbisch »Onderhos«.

Der Schönbergturm ist ein Doppelturm mit je einem Auf- und einem Abgang, verbunden oben durch eine 8,5 Meter lange Galerie und unten durch den Eingangsbereich. Seine symbolische Aussage ist, das Tor zur Schwäbischen Alb zu sein. Zur Aussichtsgalerie führen 108 Stufen nach oben, die Fernsicht in Richtung Albvorland ist gigantisch. Eigentümer ist bis heute der Schwäbische Albverein, der ihn täglich für Besucher öffnet und an Sonn- und Feiertagen auch bewirtet. Dass der Kiosk geöffnet hat, erkennt man daran, dass am Westturm eine Fahne im Wind flattert.

Der Schönbergturm ist ein Wahrzeichen der Stadt Pfullingen und Tor zur Schwäbischen Alb.

1940

Ein Schloss wird zum Tatort

Die große Weltgeschichte hat die Alb meist nur gestreift. Jedoch nicht eines ihrer dunkelsten Kapitel, die Zeit des deutschen Nationalsozialismus. Viele jüdische Mitbürger wurden aus rassistischen Gründen in Arbeits- und Vernichtungslager deportiert und ermordet. Und hinter den dicken Mauern von Schloss Grafeneck geschahen 1940 beispiellose Verbrechen.

Bis heute fehlen die Worte, sie angemessen zu beschreiben. Im Wortlaut der Nazis waren die Morde an psychisch kranken und behinderten Menschen »die Vernichtung lebensunwerten Lebens« oder die »Aktion Gnadentod«. Nach der Aufdeckung der Verbrechen und nach dem Kriegsende sprach man von »NS-Krankenmorden« oder verwendete den verharmlosenden Begriff »Aktion T4«, abgeleitet vom Sitz der Dienststelle für die Organisation der Mordtaten in der Berliner Tiergartenstraße 4. Schloss Grafeneck nahe Münsingen war der erste von insgesamt sechs Orten im Deutschen Reich, an denen Patienten aus Heil- und Pflegeanstalten systematisch ermordet wurden. Sie starben in Gaskammern und wurden in Krematorien verbrannt. In Grafeneck dauerte das Morden von Januar bis Dezember 1940, und 10 654 Menschen aus Baden, Hohenzollern, Württemberg, Bayern und anderen Regionen Deutschlands verloren ihr Leben. Die Vernichtungsstätte Grafeneck wurde im Dezember 1940 geschlossen, das Täterpersonal wurde ins hessische Hadamar versetzt, wo das Töten kranker und behinderter Menschen bis in den Sommer 1941 andauerte.

Schloss Grafeneck war seit 1928 von der evangelischen Samariterstiftung Stuttgart als Heim für Behinderte betrieben worden. Es wurde zum Tatort, weil es weit abgelegen vom nächsten Dorf und gut abzuschirmen war. Im Oktober 1939 ordnete die Landesverwaltung die Beschlagnahmung des Samariterstifts für Zwecke des Reichs an. Das Heim wurde geräumt, seine Bewohner und Betreuer nach Oberschwaben verlegt. Auf dem Schlossgelände wurden unter anderem eine Verwaltungsbaracke, Garagen für die später zum Symbol der Krankenmorde gewordenen »grauen Busse« und ein Krematorium gebaut. Die Gasmorde fanden in einem landwirtschaftlichen Nebengebäude statt. Der Apparat der Tötungsanstalt beschäftigte etwa 100 Menschen, darunter Ärzte, Polizei- und Standesbeamte. Man liest oft, Grafeneck sei im Dezember 1940 geschlossen worden, weil die Verbrechen sich nicht mehr verheimlichen ließen und Proteste von Kirchen, Anstalten und Angehörigen sich häuften. Das mag ein Teil der Wahrheit sein. Der andere ist, dass zu diesem Zeitpunkt bereits die Hälfte aller Patienten der Heil- und Pflegeanstalten Süddeutschlands dem Mordprogramm zum Opfer gefallen war. 1990 ist in Schloss Grafeneck eine Gedenkstätte eingerichtet worden, 2005 hat ein Dokumentationszentrum die Arbeit aufgenommen. Seine Historiker forschen über die Opfer und die Verbrechen, dokumentieren Namen und Schicksale und stellen ihre Ergebnisse der Öffentlichkeit zur Verfügung.

Nur aus der Distanz betrachtet erscheint Schloss Grafeneck als unschuldiger Ort.

1949

Die Bärenhöhle wird entdeckt

Generationen von Schulausflüglern kennen die Bärenhöhle und den kleinen Freizeitpark nebenan in der Albgemeinde Sonnenbühl. Viele Besucher erinnern sich bestimmt an das beeindruckende Skelett eines Bären in der Tropfsteinhöhle. Im Frühjahr 2022 ist es frisch restauriert wieder dort aufgestellt worden.

Die Entdeckung der Bärenhöhle im Jahr 1949 war eigentlich eine Fortsetzungsgeschichte. Den vorderen Teil der Höhle, die Karlshöhle, kennt man seit 1834. Ein Lehrer aus dem benachbarten Erpfingen entdeckte unter einem Felsspalt einen großen Hohlraum. Als man der Sache auf den Grund ging, stieß man auf eine große Tropfsteinhöhle. Außerdem stellte sich heraus, dass die Höhle auch schon früher bekannt gewesen sein musste. Man fand menschliche Skelette und vermutete in ihnen Opfer der Pest, die man durch den Felsspalt in die Höhle hatte fallen lassen. Später entdeckte man auch einen ebenerdigen, natürlichen Zugang und öffnete die Karlshöhle, benannt nach Kronprinz Karl von Württemberg, für Besucher.

Insofern ist es erstaunlich, dass die Bärenhöhle, die sich direkt an die Karlshöhle anschließt, über 100 Jahre unentdeckt geblieben ist. 1949 war die Karlshöhle immer sonntags geöffnet, und Erpfinger Bürger führten die Besucher durch das Tropfsteinlabyrinth. Einem von ihnen, Karl August Bez, fielen immer wieder Fledermäuse auf, die in einem Felsspalt in der hintersten Halle verschwanden. Gemeinsam mit anderen Höhlenführern machte er sich Ende 1949 auf die Suche, wohin dieser Felsspalt in fünf Metern Höhe über dem Boden führen könnte. Die Gruppe entdeckte ein großes Höhlensystem, dessen Boden mit fossilen Knochen, vor allem von Bären, geradezu übersät war. Der spätere Name war naheliegend, die Höhle musste über viele Tausend Jahre Bären als Winterquartier gedient haben. Von denjenigen, die den Winterschlaf nicht überlebten, blieben die Skelette. Die wissenschaftliche Analyse der Fossilien hat die erste Vermutung bestätigt: Es handelte sich um die etwa 20 000 Jahre alten Überreste von Höhlenbären aus der letzten Eiszeit.

Auch als menschliche Siedlungsstätte waren Karls- und Bärenhöhle bedeutend: Man hat menschliche Spuren von der Altsteinzeit bis in die frühe Neuzeit gefunden. Nach der Entdeckung der Karlshöhle im 19. Jahrhundert hatte die Bevölkerung der Umgebung viele Fundstücke davongetragen und damit für die Wissenschaft zerstört. Das passierte 1949 nicht: Nachdem die Bärenhöhle entdeckt war, traten sofort Wissenschaftler aus dem nahen Tübingen auf den Plan und verhinderten durch Absperrungen, dass Laien sich an den Fossilien zu schaffen machten. Heute ist die auf gut 250 Metern Länge begehbare Schauhöhle ein beliebtes Ausflugsziel, ganz so wie die nur ein paar Kilometer entfernte, in der Nähe von Schloss Lichtenstein gelegene Nebelhöhle.

Diese Skelettfunde aus der Bärenhöhle sind im Paläontologischen Institut der Universität Tübingen zu sehen.

1957

Der Wind wird eingefangen

Windkraft zu nutzen ist eigentlich nichts Neues. Das hat man mit Windmühlen und Segelschiffen schon vor Jahrhunderten getan. Zu Windenergie wird die Kraft, wenn man Strom aus ihr macht. 1957 ist bei Geislingen die weltweit erste moderne Windenergieanlage in Betrieb genommen worden.

Mit Windkraftanlagen unabhängig von fossilen Energiequellen zu werden ist eines der Top-Themen der Energiepolitik. Der Stuttgarter Hochschulprofessor Ulrich Hütter war ein weltweit bedeutender Vordenker dieser Technologie. Das hatte damit zu tun, dass er Experte in drei Themenfeldern war, die nicht unbedingt miteinander verbunden sind: Er war Segelflieger und Flugzeugkonstrukteur, beschäftigte sich mit neuen Werkstoffen und mit nachhaltiger Energieerzeugung. Und das schon zu einer Zeit, als man Erdöl, Kohle und Kernkraft für die Antwort auf alle Energiefragen hielt.

1940 wurde der 30-jährige Luftfahrt-Ingenieur bei einem Forschungsinstitut angestellt, das sich mit Stromerzeugung aus Windkraft beschäftigte. Der Hintergrund war, dass Nazi-Deutschland davon ausgehen musste, durch seine Kriegspolitik den Zugang zu Energiequellen zu verlieren. Man suchte nach Alternativen. Die von Hütter konstruierten Windräder mit Holzrotoren kamen zwar nie zur Serienreife, hatten aber nachweislich eine hohe Energieausbeute. In seiner weiteren Arbeit übertrug er Erkenntnisse aus der Flugzeug-Aerodynamik auf die Konstruktion von Windrotorblättern. 1947 konstruierte er für die Uhinger Allgaier-Werke eine Serie von Windkraftanlagen mit Rotoren und Türmen aus Stahl für den Export in Schwellenländer. Zehn Jahre später bekam Hütter die Chance, eine moderne Windkraftanlage nach seinen neuesten wissenschaftlichen Erkenntnissen aufzustellen. Das baden-württembergische Landesgewerbeamt, eine Institution zur Förderung von Wirtschaft und Wissenschaft, schrieb eine Versuchsanlage mit 100 Kilowatt Leistung aus. Ulrich Hütter gewann die Ausschreibung mit einer Konstruktion, bei der weltweit zum ersten Mal in dieser Dimension Rotorblätter aus glasfaserverstärktem Kunststoff zum Einsatz kamen. Jedes Windrad mit insgesamt 34 Metern Durchmesser bestand aus zwei Rotorblättern.

Installiert wurde die Anlage mit Namen StGW-34 im Jahr 1957 auf dem Stöttener Berg bei Geislingen an der Steige. Die Abkürzung StGW stand für die »Studiengesellschaft Windkraft« in Stuttgart, die Zahl 34 für den Rotordurchmesser. Gebaut wurde auch diese Hütter-Konstruktion bei den Allgaier-Werken, wo der Vordenker der Windkraft bis 1959 technischer Leiter war. Bis 1961 lief die Anlage im Versuchsbetrieb, danach speiste sie ihre Energie ins Netz ein. 1964 flaute das Interesse der Energiewirtschaft am Wind wieder ab, Kohle und die hochsubventionierte Kernkraft lieferten billigeren Strom. 1967 wurde die Windkraftanlage abgebaut. 30 Jahre später kam die Technologie erneut auf, und am Stöttener Berg entstand ein moderner Windpark. Ein Testfeld der Universität Stuttgart an diesem Standort trägt den Namen des Windkraftpioniers Ulrich Hütter.

Der Urahn aller modernen Windkraftanlagen stand ab 1957 bei Geislingen an der Steige.

Seit 1969

Die Alb macht Nudeln

Dass man im Schwäbischen gern Teigwaren isst, weiß jedes Kind. Dass man auf der Alb Nudeln herstellt, ist irgendwie naheliegend. Man braucht Eier dazu und Getreide. Platz für Hühner gibt es auf der Alb genug, und der Dinkel ist gewissermaßen das Urgetreide der Region.

In Hayingen-Ehestetten machte sich 1969 der erste Nudelpionier der Alb ans Werk. Franz Tress, damals noch keine 19 Jahre alt, fragte sich am Ende seiner Ausbildung, ob er als kaufmännischer Angestellter weitermachen oder etwas Eigenes auf die Beine stellen wollte. Er entschied sich für die eigenen Beine und für Nudeln. Geflügelhöfe und Getreidebauern gab es in der Gegend genug. Sein Rezept war, dass er diese Rohstoffe zu Nudeln veredeln wollte, die schmecken sollten wie selbstgemacht. Die Nudeln der Marke »Tress« trafen den Geschmack der Zeit, wurden rasch über die Grenzen der Region hinaus bekannt und beliebt. In den 1970er Jahren zog die Tress-Produktion nach Münsingen um, wo in einem neuen Gebäude mehr Platz für modernere Anlagen war. Bekannt geworden ist Tress durch die maschinelle Herstellung von geschabten Spätzle als Trockenware und für gewalzte Nudeln. 2012 übernahm Sohn Markus Tress den Familienbetrieb. Vater Franz Tress hat sich danach nicht zur Ruhe gesetzt, sondern baut derzeit das Alte Lager im Biosphärengebiet Schwäbische Alb zu einem touristischen Zentrum mit Manufakturen, Museen, Ausstellungsflächen und Räumen für Veranstaltungen und Feiern aus. Eine Tress-Nudelmanufaktur darf dort nicht fehlen, betrieben als gläserne Produktion mit viel Handarbeit.

Trochtelfingen liegt nicht weit entfernt von Münsingen. Dort hatte Franz Freidler seit 1968 einen Hühnerhof, dessen Produkte er direkt vermarktete. Zeitweilig war der Hof der größte Eierproduzent in Süddeutschland. Für Sohn Klaus Freidler, der 1977 ins Unternehmen einstieg, stellte sich die Frage, mit welchen Produkten sich zusätzliche Umsätze erzielen lassen könnten. Eine kleine Nudelmaschine war der Beginn der Marke »Alb-Gold«. Sie produzierte etwa 50 Kilogramm Nudeln täglich, die im Hofladen mitverkauft wurden. Knapp zehn Jahre später stellte Alb-Gold bereits 250 Kilogramm Spätzle pro Stunde her. Heute könnte die Fabrik etwa 60 Tonnen Teigwaren täglich herstellen. Auch Alb-Gold legt Wert auf traditionelle Nudelqualität und hat seine Fabrikation sukzessive um ein Kundenzentrum mit Restaurant, einen Landmarkt mit regionalen Produkten, ein Kochstudio und einen Kräuter- und Naturgarten erweitert.

Dass man feine, täglich frische Albnudeln wirtschaftlich herstellen kann, ohne zum Großbetrieb zu werden, zeigt seit 1995 die HS Teigwarenherstellung in St. Johann-Gächingen, ebenfalls nicht weit von Münsingen entfernt. Das kleine Team von Heinz Stoß verarbeitet nur regionale Zutaten und beliefert unter anderem Metzgereien der Umgebung mit Teig für Maultaschen. Stolz ist man darauf, dass die hergestellten Nudeln an der Luft getrocknet werden. Das dauert zwar länger, verbraucht aber keine Heizenergie. Die von Hand verpackten Nudeln werden im eigenen Lädle und über den Einzelhandel der Region vertrieben.

Nicht nur auf der Alb werden Alb-Nudeln geschätzt.

Das Felsenmeer im Wental bei Bartholomä auf der Ostalb.

1975

Die Alb bekommt einen Stardesigner

Über dem Aufstieg des Metzinger Unternehmens Hugo Boss zu einem Textilriesen liegen in den Anfangsjahren die Schatten des NS-Staats. Als Werner Baldessarini 1975 seinen Weg zum Chefdesigner und Vorstand der Modemarke Boss begann, hatte sich die Firma längst zu einem gediegenen Herrenausstatter entwickelt.

Firmengründer Hugo Ferdinand Boss übernahm 1908 das Aussteuergeschäft seiner Eltern in Metzingen. Nach dem Ersten Weltkrieg erweiterte er das Geschäft um eine Schneiderei, in der er unter anderem Oberhemden maßfertigte. 1924 gründete er mit Teilhabern eine Näherei, in der vor allem Berufskleidung hergestellt wurde. Als in den 1930er Jahren die Nationalsozialisten immer stärker und die SA-Männer mit ihren braunen Uniformen immer präsenter wurden, erhielt das Unternehmen Hugo Boss zunehmend Aufträge aus diesen Kreisen. Zunächst für die NSDAP, nach 1933 für die Reichsregierung wurden in Metzingen Uniformen für SA, Hitlerjugend, SS und Wehrmacht, für Bahn, Polizei und Post genäht. Historisch nicht haltbar ist die oft verbreitete These, bei Hugo Boss seien diese Uniformen auch entworfen worden. Auf den Stil der Nazi-Uniformierung hat das Unternehmen keinen Einfluss genommen, auch war Boss in Metzingen nur einer von vielen Textilfabrikanten, die dem Deutschen Reich seine Uniformen schneiderten. Fakt ist, dass Hugo Boss, der 1931 NSDAP-Mitglied wurde, dem Nationalsozialismus seinen Aufstieg vom kleinen zum bedeutenden Textilunternehmer verdankte.

Nach Kriegsende leitete Hugo Ferdinand Boss seinen Betrieb nur noch kurz, er starb 1948. An seiner Stelle übernahm zunächst sein Schwiegersohn Eugen Holy, ab 1967 waren dessen Söhne Jochen und Uwe Holy Geschäftsführer. Das Unternehmen hatte sich auf hochwertige Oberhemden und Anzüge spezialisiert und richtete in den 1970er Jahren seinen bekannten Fabrikverkauf ein. 1975 engagierte Boss den Münchener Modekaufmann Werner Baldessarini als Designer für die Marke Boss. Mit ihm begann der Aufstieg des Boss-Konzerns von einem bedeutenden süddeutschen Edelschneider zu einer Weltmarke.

1988 rückte Baldessarini in den Vorstand des rasch expandierenden Unternehmens und zum Chefdesigner auf. Es entstanden die Luxus-Marke »Baldessarini«, die sich an italienischem Chic für Herren orientierte, die jugendliche Linie »HUGO«, die Sportmarke »Boss Orange« und die erste weibliche Kollektion »Boss woman«. 1991 übernahm ein italienischer Modekonzern die Aktienmehrheit an Boss, die Holy-Brüder verließen das Unternehmen 1993, als Boss in der Modewelt seinen besten Namen hatte. Werner Baldessarini war von 1998 bis 2002 Vorstandsvorsitzender des Unternehmens. 2006 kaufte er seine Marke »Baldessarini« aus dem Boss-Konzern heraus, allerdings nicht mit dem Plan, sie selbst zu führen. Nur einen Tag später verkaufte er sie an einen westfälischen Männermode-Hersteller weiter.

Werner Baldessarini war lange Jahre das Gesicht der Modemarke Hugo Boss.

1983

Die Alb stürzt ab

Zu Anfang dieses Buchs war schon von der speziellen Geologie des Karstgebirges Schwäbische Alb die Rede und von den verschiedenen Kalksteinschichten des erdgeschichtlichen Jura, der aus den Sedimenten eines Urmeers entstanden ist. Und davon, dass das Kalkgestein durch Erosion und Niederschläge langsam, doch unaufhaltsam weniger wird.

Der markante Albtrauf ist geologisch die oberste Schicht des Weißen Jura. Ihm haben die Überreste von Abermilliarden Kleinlebewesen Gestalt und Farbe gegeben: Ammoniten, Schalentiere, Korallen, Schwämme. Viele dieser ehemaligen Korallenriffe sind auffällig symmetrisch geformt, sehen fast aus wie gemauert. Man liest daher oft die Begriffe »wohlgeschichtete Kalke« oder »wohlgebankte Kalke«. Die Fugen zwischen den Kalkbänken bilden andere Gesteine: Mergel und Tone. Während die Kalke sehr wasserdurchlässig sind, sammelt sich in den zwischengelagerten Schichten das durchsickernde Wasser und wird mitsamt des gelösten Kalks ausgewaschen. Bei großen Regenmengen staut sich das Wasser dort allerdings, und die Mergel und Tone saugen sich voll.

In extremen Fällen sind es dann nicht Millimeter Gestein, die der Alb verloren gehen, sondern viele Hektar und Millionen Tonnen. Am 12. April 1983 gab es eine solche Naturkatastrophe am Hirschkopf bei Mössingen. Ungewöhnlich starker Frühjahrsregen war in großen Mengen bis zu einer dicken Tonschicht tief unter der Oberfläche gesunken. Der Ton quoll unter den großen Wassermassen auf, und wer schon einmal getöpfert hat, weiß, wie sich klatschnasser Ton anfühlt: glitschig. Weil die Wassermassen das Gewicht des darüber liegenden, bewaldeten Hangs vervielfacht hatten, muss er irgendwann im Lauf des Tages in Bewegung geraten sein: Ein 600 Meter breites Stück Albtrauf, 50 Hektar groß und knapp zehn Millionen Tonnen schwer, kam in Bewegung. Der Hangrutsch kam erst an einem Bergsattel zum Stehen. Einige Baumgruppen, die vorher mehrere Hundert Meter weit entfernt oben am Hang standen, standen auch danach noch, nur eben an anderer Stelle.

Dass keine Menschen zu Schaden kamen, ist dem Starkregen zu verdanken, der Wanderer und Spaziergänger fernhielt. Dass es keine Augenzeugen des Naturereignisses gab, lag ebenfalls am Wetter. Man konnte lediglich rekonstruieren, dass der Hang zwischen 9 und 14 Uhr talwärts gerast sein musste. In den Tagen darauf zog die Natursensation Tausende von Schaulustigen an, was buchstäblich lebensgefährlich war. Der Hang hatte sich noch längst nicht beruhigt und wurde weiträumig abgesperrt. Bis ins Frühjahr 1984 gab es weitere Erdbewegungen. Danach galt der Mössinger Bergrutsch als stabil. Seit 1988 ist er ein 17,5 Hektar großes Naturschutzgebiet und dient als Beobachtungs- und Experimentierfeld, wie und mit welchen Pionierpflanzen sich die Vegetation einen verwüsteten Lebensraum zurückerobert.

Der Mössinger Bergsturz hat tiefe Furchen am Albtrauf hinterlassen.

HERO
OF THE
DAY

1992

Ein Blausteiner Läufer siegt bei Olympia

Es gibt Sportmomente, die sich ins kollektive Gedächtnis einbrennen. Der Olympiasieg von Dieter Baumann über die Strecke von 5000 Metern gehört dazu. Ort des Überraschungssiegs war das Olympiastadion in Barcelona.

Es sah nicht gut aus für Dieter Baumann in der Endphase des 5000-Meter-Laufs am Abend des 8. August 1992. Eingangs der Zielkurve lag er an vierter oder fünfter Stelle des Rennens, auf der Innenbahn festgenagelt von einer Vierer-Phalanx afrikanischer Läufer. Sie waren ohnehin die Favoriten über diese Strecke, auf der Europäer traditionell in der Außenseiterrolle sind. Seit 1980 stellen afrikanische oder in Afrika geborene Läufer in dieser Disziplin die Sieger. Mit einer Ausnahme: Dieter Baumann. Als es auf die Zielgerade ging, tat sich vor ihm plötzlich eine Lücke zwischen den Konkurrenten auf. Und Baumann spurtete hinein, schien fast über dem Boden zu schweben, während die anderen an der Tartanbahn klebten. Mit 11,9 Sekunden auf den letzten 100 Metern war er an diesem historischen Abend beinahe so schnell wie ein Kurzstreckensprinter. Erst im Ziel fing ihn die Schwerkraft wieder ein, zog den erschöpften Leichtathleten zu Boden wie ein Magnet.

Das Laufen hat der schnelle Mann von der Alb in Blaustein gelernt, wo er 1965 zur Welt gekommen ist. Als Leichtathlet ging er für die LG Alb-Donau, den VfL Waiblingen, Bayer 04 Leverkusen und die LAV Tübingen an den Start. Die größten Erfolge erzielte er in seiner Leverkusener Zeit, das Werksteam gehört zu den Spitzenclubs der deutschen Leichtathletik. Seine Partnerin und Ehefrau Isabelle, die er 1992 geheiratet hat, hatte als seine Trainerin immer großen Anteil an seinen Erfolgen. Der Mittel- und Langstreckenläufer Dieter Baumann ist einer der erfolgreichsten deutschen Leichtathleten: Gold und Silber bei Olympischen Spielen, eine Weltmeisterschaftsmedaille, zwei Medaillen bei Europameisterschaften, 40 nationale Titel auf Laufstrecken von 1500 bis 10 000 Metern und im Crosslauf. Seine Spezialstrecke waren die 5000 Meter. Doch über alle diese Erfolge sprach nach dem Jahr 2000 kaum mehr jemand.

Dieter Baumann wurde des Dopings verdächtigt und für 18 Monate international gesperrt. Er selbst hat immer bestritten, wissentlich oder absichtlich leistungsfördernde Substanzen eingenommen zu haben. Die Beweislage war undurchsichtig, rückblickend halten Doping-Experten es für plausibel, dass Baumann die verbotene Substanz untergeschoben worden ist. Nach Ablauf der Sperre trat Dieter Baumann 2002 und 2003 wieder bei Wettkämpfen an und errang weitere Meistertitel. Nach der Sommersaison 2003 hat er nach 22 Jahren Leistungssport seine Karriere beendet, die ihm phasenweise erschienen sein muss wie eine wilde Fahrt in der Achterbahn.

Dieter Baumann hat sich immer auch für den Leichtathletik-Nachwuchs engagiert.

2002

Die Alb wird Geopark

Dass die Alb erdgeschichtlich, geologisch und als frühzeitlicher Lebensraum eine Ausnahmestellung einnimmt, ist in etlichen Kapiteln dieses Buchs nachzulesen. Für Gebiete, die ein besonders vielfältiges geologisches Erbe bewahren, gibt es den Begriff und das Prädikat »UNESCO Global Geopark«.

So ein Geopark steht nicht einfach im Raum, er muss mit Leben gefüllt werden. Die nationalen Geoparks, von denen es in Deutschland 19 gibt, sollen Erdgeschichte erlebbar machen. Mit Informationszentren, geführten Wanderungen, Publikationen und informativen Hinweisen in der Landschaft. Selbstverständlich auch mit Attraktionen. Davon gibt es auf der Schwäbischen Alb, die auf einer Gesamtfläche von etwa 6200 Quadratkilometern zum Geopark erklärt worden ist, jede Menge: Fundorte von Fossilien, Eiszeitkunst, Schauhöhlen, Quelltöpfe, Dolinen, den Meteoritenkrater des Steinheimer Beckens. An Höhlen ist die Alb reicher als jede andere Region in Deutschland: Mehr als 2800 Höhlen sind bekannt, und immer wieder kommt eine neu entdeckte hinzu.

Geologie kann man studieren. Entweder an der Universität oder bei Wanderungen im Geopark Schwäbische Alb, wo man mehr als 20 geologische Themenwege zu speziellen Aspekten angelegt hat: den Erzbergbau bei Wasseralfingen, das Urmeer bei Gerstetten oder den Dolinenweg bei Bad Urach. Die Landschaft und die geologischen Pfade geben Einblick in 200 Millionen Jahre Erdgeschichte. 2002 wurde die Region zum Nationalen Geopark erklärt, 2004 nahm man die Schwäbische Alb in den Club der Europäischen und Globalen Geoparks auf. Seit 2015 darf sich der Natur- und Kulturraum »UNESCO Global Geopark Schwäbische Alb« nennen. Manche bezeichnen ihn auch als den »Jurassic Park« unter den Geoparks, denn die erdgeschichtliche Epoche des Jura ist auf der Alb erstmals entdeckt, erforscht und dokumentiert worden. Mit dieser Forschungsleistung ist der Name des Geologieprofessors Friedrich August Quenstedt verbunden. Als er 1837 einen neu geschaffenen Lehrstuhl für Geologie an der Universität Tübingen übernahm, etablierte er die junge Wissenschaft in Deutschland. Sein Forschungsinteresse galt sogenannten Leitfossilien, die man zur Unterscheidung von Gesteinsschichten und für ihre Datierung nutzbar machen konnte. Schon fünf Jahre später hatte Quenstedt eine Sammlung von 30 000 Fossilien zusammengetragen, viele davon ließ er von Älbler Bauern auf ihren Feldern einsammeln. Sein bedeutendstes wissenschaftliches Werk war das Buch »Der Jura«, in welchem er 1858 die Entstehung, Datierung und Schichtung des Kalkgebirges herleitete. Das wissenschaftliche Erbe des Schwäbischen Jura verwalten und gestalten heute die 26 Infostellen des Geoparks Schwäbische Alb.

Stellenweise ist die Alb geradezu gepflastert mit versteinerten Lebensformen aus der Urzeit.

18x

2005

Ein Alb-Schützer wird geehrt

Wenn es einen Menschen gibt, der die Geologie, die Botanik und die Fauna der Schwäbischen Alb wie seine eigene Westentasche kennt, dann ist es Günter Künkele. Er hat die Alb aus Leidenschaft und Interesse durchstreift und erforscht. Sein Einsatz für den lokalen Naturschutz ist aber auch öffentlich gewürdigt worden: 2005 hat er das Bundesverdienstkreuz erhalten.

Leser der Bücher und Zeitschriften des Silberburg-Verlags kennen den Namen des Autors Günter Künkele. Sie kennen die Fotografien, mit denen er seine Publikationen selbst illustriert. Vielleicht kennen sie auch sein Autorenporträt. Er hat für den Verlag drei Bildbände und viele Zeitschriftenbeiträge für »Schönes Schwaben« und »Schöner Südwesten« beigesteuert. Buchtitel wie »Naturerbe Truppenübungsplatz: das Münsinger Hardt«, »Naturerbe Biosphärengebiet Schwäbische Alb« und »Steiniges Paradies: Faszinierende Lebensräume der Schwäbischen Alb« machen Appetit, sich in seine Schriften und Bilder zu vertiefen. Und sie umreißen präzise, was ihn so umtreibt: der Naturschutz und die Bewahrung der Naturschönheiten in seiner näheren Umgebung.

Geboren worden ist Günter Künkele 1951 in Seeburg, heute ein Stadtteil von Bad Urach. Von Beruf war er Hauptschullehrer, ebenfalls in Bad Urach. Und auch heute noch lebt er dort. Seine Berufung ist die Natur, eine seiner vielen Leidenschaften die Fotografie. Er kann sich Stunden, Tage und Wochen damit beschäftigen, genau den richtigen Moment für ein einmaliges Naturfoto abzupassen. Auf vielen Schulexkursionen hat er sogar Schüler mit dem Naturvirus infiziert, von denen man erwartet hätte, sie seien absolut immun. Heute ist er am liebsten mit Gleichgesinnten unterwegs oder allein, damit er sich ganz auf die Beobachtung der Natur konzentrieren kann. In den 1990er und 2000er Jahren war er Vorsitzender des Bundes Naturschutz Alb-Neckar (BNAN) und hat gemeinsam mit anderen Ehrenamtlichen die Landschaftspflege organisiert. Er hat den Übergang des Truppenübungsplatzes Münsingen zur Keimzelle des Biosphärengebiets Schwäbische Alb initiiert und ihn wissenschaftlich begleitet. Als einer von ganz wenigen Zivilisten durfte er mit Sondergenehmigung das damalige Militärgelände betreten, dort die Natur beobachten und fotografieren. Aus diesen Dokumentationen sind zwei seiner Bildbände entstanden. Auch von Naturschutzverbänden ist Günter Künkele vielfach ausgezeichnet worden, unter anderem mit dem Gerhard-Thielcke-Naturschutzpreis. Zuletzt hat er die Bürgermedaille seiner Heimatstadt Bad Urach erhalten.

Naturfotograf Günter Künkele bei der Arbeit.

2006

Die Alblinse ist zurück

Linsen und Spätzle sind das schwäbische Nationalgericht. Seinen Ursprung dürfte es auf der Schwäbischen Alb haben. Auf ihren kargen Böden gedeihen Linsen gut, da sie in der Lage sind, lebenswichtigen Stickstoff aus der Luft zu binden. Nahrhafte und feuchte Böden schaden ihr mehr, als sie nutzen. Der Haigerlocher Züchter Fritz Späth selektierte nach 1930 mehrere Sorten, die sich auf der Alb verbreitet haben.

Der Linsenanbau ist ein mühsames Geschäft, weshalb er in den 1950er Jahren zum Erliegen kam. Mit ihm sind die typischen Alblinsen verschwunden. In den 1980er Jahren hatten verschiedene Bio-Bauernhöfe dennoch den Linsenanbau wieder begonnen. Weil es die alten Sorten nicht mehr gab, behalf man sich mit der französischen Sorte Puy-Linse, die ebenfalls sehr genügsam ist. Doch die ursprünglichen Alblinsen gingen den Bio-Bauern nicht aus dem Sinn. 2006 durchforstete ein deutscher Botaniker auf Bitten der Erzeugergemeinschaft der Älbler Linsenanbauer weltweit die Gendatenbanken botanischer Institute. Er wurde tatsächlich fündig: Im St. Petersburger Wawilow-Institut gab es noch Samen von zwei Linsensorten, die Fritz Späth Jahrzehnte zuvor gezüchtet hatte. Das Institut schickte Proben dieser Samen auf die Alb, wo man gespannt war, ob sie noch keimfähig waren. Was kaum jemand erwartet hätte: Die Saat ging nach jahrzehntelangem Dornröschenschlaf tatsächlich auf. Man konnte damit beginnen, die Haigerlocher Linsen erneut zu vermehren.

2010 wurden Späths Alb-Linsen erstmals auf einem Feld ausgesät, 2011 kamen sie in den Handel. Die beiden erhältlichen Sorten sind die kleine Alb-Linse Späth I und die große Alb-Linse Späth II. Die Öko-Erzeugergemeinschaft »Alb-Leisa« hat mittlerweile mehr als 70 Mitglieder und beliefert Hofläden und ausgewählte Einzelhändler in der weiteren Umgebung in Baden-Württemberg und Bayern. Beim Linsenkauf sollte man dort auch gleich ein Spätzlemehl aus Dinkel mitnehmen. Denn das traditionelle Getreide für Spätzle ist der Dinkel, den man auch »Schwabenkorn« nennt. Bevor die Landwirtschaft sich mit Kunstdünger versorgen konnte, war Dinkel das Grundnahrungsmittel auf der Alb. Er kommt auf den nährstoffarmen Böden der Alb viel besser zurecht als der Weizen, der ihn in den zurückliegenden Jahrzehnten verdrängt hat. Geschmacklich sind Dinkelspätzle sowieso die bessere Wahl.

Nach langem Dornröschenschlaf wurde die Alblinse wiederentdeckt.

2008

Die Alb wird Biosphärengebiet

Eigentlich handelt es sich bei diesem Gebiet um ein Reservat. Der Begriff »Biosphärenreservat« definiert in Deutschland und international das modellhafte Miteinander von Ökologie, Ökonomie und Sozialem in einer größeren Region. Doch weil man den Begriff »Reservat« so interpretieren könnte, dass alles so bleiben muss, wie es ist, und nichts verändert werden darf, hat Baden-Württemberg sich für den Begriff »Biosphärengebiet« entschieden. 2008 wurde das Biosphärengebiet Schwäbische Alb eingerichtet, 2016 das Biosphärengebiet Schwarzwald im Südschwarzwald.

Die Idee dieser Reservate oder Gebiete ist, großräumig Landschafts- und Naturschutz zu verwirklichen, ohne dass Schutzgebiete ausgewiesen werden. Keine Verbotszonen also, sondern die freundliche Einladung, schonend mit der Natur umzugehen. Landwirtschaft und Ökonomie sollen sich im Einklang mit der schutzwürdigen Natur weiterentwickeln und im Idealfall den Impuls für nachhaltige Wirtschaftsformen geben. Gleiches gilt für nachhaltigen Tourismus. Die Attraktionen der Reservate sollen, wo immer möglich, frei zugänglich sein, und es soll sich ein sanfter, ökologischer Tourismus entwickeln. Das klingt leicht verkopft, ist es vermutlich auch. Doch immerhin schmücken sich die Kommunen und Akteure im Biosphärengebiet Schwäbische Alb gern mit diesem Etikett, und es hat eine positive Außenwirkung. Ideen für solche spezielle Entwicklungsregionen im ländlichen Raum hatte es bereits in den 1990er Jahren gegeben, auf der Schwäbischen Alb wurden sie 2005 konkret. Die Bundeswehr gab den Truppenübungsplatz Münsingen und das darin liegende, teils denkmalgeschützte Alte Lager auf. Kommunen und Akteure der Umgebung wollten die jahrzehntelang weitgehend sich selbst überlassene Landschaft für ökologische und ökonomische Projekte nutzbar machen und sie zu einem Anziehungspunkt für den Tourismus entwickeln.

Der ehemalige Übungsplatz, das verlassene Dorf Gruorn und das Alte Lager bilden heute den Kernbereich des etwa 850 Quadratkilometer großen Biosphärengebiets. Landschaftsprägend sind Wacholderheiden, Streuobstwiesen und spezielle Waldtypen. Die Kulturlandschaft bietet vielen seltenen Greif- und Singvögeln, Schmetterlingen, Amphibien und Orchideen einzigartige Lebensräume. Aber auch Zonen mit intensiver industrieller Nutzung wie Teile Metzingens oder Reutlingens gehören dazu. Die Hoffnung ist hier, dass erfolgreicher Natur- und Artenschutz mit wirtschaftlicher Entwicklung in Einklang zu bringen ist. 2009 hat auch die UNESCO das Biosphärengebiet rund um Münsingen anerkannt. Da sich die Unterorganisation der Vereinten Nationen mit Sitz in Paris nicht auf sprachliche Finessen der Lokalpolitik einlassen möchte, lautet in diesem Zusammenhang die korrekte Bezeichnung »UNESCO-Biosphärenreservat Schwäbische Alb«.

Die Fliegen-Ragwurz ist eine der äußerst seltenen Orchideen, die im Biosphärengebiet ein Refugium haben.

2015

Das Alte Lager wird zum Albgut

Als das Alte Lager bei Münsingen noch ein Truppenübungsplatz war, gehörte es territorial zu keiner der umgebenden Gemeinden. Als gemeindefreies Gebiet war es ein sogenannter Gutsbezirk, der vom Militär verwaltet wurde. Aufgrund dieser Historie hat Franz Tress seinem Projekt den Namen »Albgut« gegeben.

Das Alte Lager und das umliegende ehemalige Militärgelände sind heute die Kernzone des Biosphärengebiets Schwäbische Alb. Das Areal des Alten Lagers ist etwa 100 Hektar groß und mit mehr als 140 Gebäuden bebaut. Der Großteil der Häuser, die nach 1895 in einer Kombination aus Ziegel- und Fachwerkbauweise entstanden, ist erhalten geblieben und denkmalgeschützt. Die Gesamtheit Altes Lager steht ebenfalls unter Denkmalschutz. Der heutige Besitzer Franz Tress, der bis 2012 den Familienbetrieb »Tress-Nudeln« geleitet hatte, kaufte das Alte Lager im Jahr 2015 zu einem eher symbolischen Preis. Denn, um es vorsichtig auszudrücken, der Investitionsbedarf in den Erhalt des Ensembles war und ist immens. In den ersten Jahren mussten zunächst marode Versorgungsleitungen und das Wegenetz saniert werden, deckte man Dächer neu ein, damit die historische Bausubstanz keinen weiteren Schaden nahm. Seither putzt sich das Albgut Schritt für Schritt zu einem Ausflugsziel und touristischen Zentrum heraus. Das Gebäude der ehemaligen Königlich Württembergischen Post beherbergt heute die Verwaltungsbüros und das Bistro »Leib & Seele«, wo man sich mit hausgemachten Speisen stärken kann.

Für private oder Firmenveranstaltungen stellt das Albgut Räume und Veranstaltungsservice in beinahe jeder Dimension zur Verfügung: von der kleinen Familienfeier über das Firmenseminar bis zum rauschenden Hochzeitsfest mit mehreren hundert Teilnehmern. In ehemalige Mannschaftsbaracken sind kleine, feine Manufakturen eingezogen, in denen man nicht nur kaufen, sondern auch etwas erleben kann. Man schaut zu, wie feine Seifen, edle Kaffees, leckere Pralinen, schwäbische Springerle oder Wollsachen vom Merinoschaf gemacht werden. Selbstverständlich hat auch »Tress-Nudeln« eine gläserne Manufaktur und einen Werksverkauf eingerichtet. Das Albmaler-Museum stellt Werke von Künstlern der Region aus, zur militärischen Geschichte des Alten Lagers informiert ebenfalls ein kleines Museum.

Übernachtungsmöglichkeiten gibt es aktuell in 64 Zimmern der ehemaligen Offiziersunterkünfte, jedoch nur in Verbindung mit einer gebuchten Veranstaltung oder für Gruppen ab 20 Personen. Für die Zukunft ist die Vermietung von Ferienappartements geplant. Am Eingang zum Albgut angesiedelt ist das Biosphärenzentrum Schwäbische Alb, das touristische Informationen, eine Ausstellung und geführte Touren durch das Naturreservat anbietet. Der Innenbereich der Anlage ist autofrei, so dass man ungestört über das Gelände flanieren und die einzigartige Atmosphäre des mehr als 125 Jahre alten Orts auf sich wirken lassen kann.

Im Gebäude der ehemaligen Württembergischen Post befinden sich heute die Hauptverwaltung des Albguts und das Bistro »Leib & Seele«.

Das Donautal nahe Beuron mit Schloss Werenwag.

VITA

Jochen Fischer ist Journalist, Redakteur und Sachbuchautor. Geboren im Remstal, sind die Geschichte und die Regionalkultur Baden-Württembergs ihm quasi in die Wiege gelegt worden. Viele Aufenthalte und Begegnungen auf der Schwäbischen Alb haben ihm diese facettenreiche Region besonders nahegebracht.

IMPRESSUM

In diesem Buch wird aus Gründen der besseren Lesbarkeit das generische Maskulinum verwendet. Weibliche und anderweitige Geschlechteridentitäten werden dabei ausdrücklich mitgemeint, soweit es für die Aussage erforderlich ist.

1. Auflage 2022

Umschlaggestaltung: Björn Locke, Nürtingen.

Satz und Layout: Silke Schüler, München.
Lektorat: Michael Raffel, Tübingen.

Printed in Slovenia by Florjancic.

ISBN 978-3-8425-2360-9

Ihre Meinung ist wichtig für unsere Verlagsarbeit. Senden Sie uns Ihre Kritik und Anregungen unter **meinung@silberburg.de**

Besuchen Sie uns im Internet und entdecken Sie die Vielfalt unseres Verlagsprogramms: **www.silberburg.de**

BILDNACHWEIS

Wikimedia Commons: Günther Bayerl, Schwäbische Alb Tourismus/Dietrich Krieger, CC BY-AS 3.0, gemeinfrei: S. 5; Toby Hudson, CC BY-SA 3.0: S. 10; Ustill, CC BY-SA 2.0 DE: S. 13; Marie-Lan Tay Pamart, CC BY 4.0: S. 14; Fangorn9, CC BY-SA 4.0: S. 17; Gregory »Slobirdr« Smith, CC BY-SA 2.0; S. 18; Neanderthal-Museum Mettmann, CC BY-SA 4.0: S. 21; Museum Ulm, Schwäbische Alb Tourismus: S. 22; Ustill, CC BY-SA 3.0: S. 24/25); LepoRello (Wikipedia), CC BY-SA 3.0: S 27; Caliga 10, CC BY-SA 3.0: S 28; gemeinfrei: S. 31, 32; Dionysos1970, CC BY-SA 4.0: S. 35; gemeinfrei: S. 36; Holger Uwe Schmitt, CC BY-SA 4.0: S. 39; Einsteins, CC BY-SA 2.0: S. 40; TxllxT TxllxT, CC BY-SA 4.0; S. 43; OliverSeitz, CC BY-SA 4.0: S. 44; Franzfoto, CC BY-SA 3.0: S. 47; gemeinfrei: S. 48; Ustill, CC BY-SA 3.0: S.52/53; Roland Darré, CC BY-SA 3.0: S. 54; gemeinfrei: S. 57; Rainer Halama, CC BY-SA 4.0: S. 58; gemeinfrei: S. 61, 62, 65, 66, 69; Geolina163, CC BY-SA 3.0: S. 70; gemeinfrei: S. 73, 76; Phrontis, CC BY-SA 3.0: S. 79; Stefan-Xp, GNU-FDL: S. 79; 7th Army Training Command, CC BY 2.0: S. 84; gemeinfrei: S. 87; thepeachpeddler, CC BY-SA 2.0: S. 88; Muck, CC BY-SA 4.0: S. 91; gemeinfrei: S. 92; NearEMP-Tiness, CC BY-SA 3.0: S. 95; BPARiedl, CC BY-SA 3.0: S. 99; Björn Appel, GNU FDL: S. 105; Matthias Reiß, CC BY-SA 3.0; Coastfield, CC BY-SA 4.0: S. 109; Styko, CC BY-SA 3.0: S. 113; Ziegler175, CC BY-SA 3.0: S. 114; Dietrich Krieger, CC BY-SA 3.0: S. 117; Michael Schroeren, CC BY-SA 4.0: S. 118/119.

Archiv Lilo Rasch-Naegele: S. 51; Achim Mende, Schwäbische Alb Tourismus: S. 74/75; Gebr. Märklin § Cie GmbH: S. 83; Günther Bayerl, Schwäbische Alb Tourismus: S. 8/9; Universität Stuttgart: S. 97; Ralph Lueger, Schwäbische Alb Tourismus: S. 100/101; Imago Images: S. 102; Günter Künkele: S. 110.

Coverfotos: Hauptbild Schloss Lichtenstein: © Francisco Conde Sánchez, Wikimedia Commons; Einklinker von links nach rechts: Heidenheim, Kupferstich von Matthäus Merian 1643/1656, Wikimedia Commons, gemeinfrei; Blautopf mit Kloster Blaubeuren: © Florian Schott, Wikimedia Commons, CC BY-SA 4.0; Wacholderheide auf der Schwäbischen Alb, © Ustill, Wikimedia Commons, CC BY-SA 3.0; Hintergrundbild: Hohenzollern, Kupferstich von Matthäus Merian, 1643, Wikimedia Commons, gemeinfrei; Freisteller: Venus vom Hohle Fels, © Ramessos, Wikimedia Commons, CC BY-SA 3.0.